LE LIVRE DE CAVE

DE
HUGH JOHNSON

En raison du récent bombardement,
il est préférable de décanter les vins rouges.

Carte des vins du restaurant Prunier, Londres,
mai 1941

HUGH JOHNSON

LE LIVRE DE CAVE

Répertoire Personnel pour un Bon Usage des Vins et de la Cave

traduit de l'anglais
par Jean Froberger

Titre original de l'ouvrage :
The Hugh Johnson Cellar Book,
publié en Angleterre par
Mitchell Beazley Publishers, Londres

ISBN 2-08-200873-8

SOMMAIRE

INTRODUCTION

Le livre de cave traditionnel fut conçu à une époque où l'éventail de vins disponibles était incontestablement limité : une vingtaine ou une trentaine, dans le meilleur des cas. Son rôle était simplement d'enregistrer le nombre de bouteilles bues. J'ai, sur mon bureau, ce qui semble être le premier livre de cave, publié dans les années 1750 par R. & J. Dodsley à Pall Mall, Londres. Outre les espaces prévus pour le décompte des bouteilles figure une seule colonne étroite intitulée ''Mémorandum'', avec les deux exemples suivants : ''Bordeaux de M...'' et ''Lord... dîna ici.'' L'un et l'autre auraient pu servir, pensai-je, de titre au livre de cave que voici, car il s'agit plus d'un mémoire que d'un décompte.

Le problème qui se pose aujourd'hui n'est en effet pas le nombre de bouteilles, mais le nombre de vins. Un amateur averti achètera peut-être plusieurs centaines de vins différents, mais rarement plus d'une douzaine de bouteilles d'un vin donné. Il faut évidemment en tenir le compte, car on risque d'égarer des bouteilles dans des casiers surchargés. Mais ce qui est encore plus important, ce sont les notes qui vous rappellent le goût du vin, ses qualités, sa valeur, les plats et les amis qui l'ont accompagné.

Ce livre de cave réserve donc plus de place aux petites quantités, voire aux bouteilles isolées, qu'aux grands stocks de vin qui vous accompagneront peut-être régulièrement pendant vingt années de votre vie.

Les grands Bordeaux rouges achetés en primeur, lorsqu'ils apparaissent sur le marché, sont livrés quand ils ont entre deux et trois ans. Si vous avez acheté une caisse de douze bouteilles, vous goûterez peut-être à la première aussitôt, pour faire connaissance, mais vous attendrez cinq ans avant d'ouvrir la deuxième, et encore cinq ans (s'il s'agit d'un très bon vin) pour la troisième. Puis, lorsque vous êtes convaincu que le vin livre le meilleur de lui-même, vous buvez tout sauf deux bouteilles — que vous gardez sans doute pour des raisons sentimentales, ou au cas où il continuerait encore de s'améliorer. En fin de compte, la page de biographie qui lui est consacrée éveillera en vous des sentiments de nostalgie à la lecture — mais ne vous sera peut-être pas aussi utile que le nom exact d'un miraculeux vin de propriété italien que vous avez déniché pendant vos vacances, rapporté chez vous, apprécié, noté dans le livre et que vous avez l'intention de racheter — dès que vous en trouverez.

Les deux types de vin ont leur place, et leur cadre. Lorsqu'un repas mémorable a été marqué d'une alliance particulièrement heureuse entre quelques vins et les plats adéquats, partagé avec des amis, il faut en garder un souvenir. Quelques pages sont prévues à cet effet,

avec d'éventuels renvois aux pages consacrées aux vins.

Que le vin soit pour vous un sujet d'études, un passe-temps, ou que vous teniez tout simplement à savoir où vous en êtes, si l'on peut dire, il faut consigner toutes les allées et venues dans un livre de cave. Et ceci est vrai, que votre "cave" soit une salle voûtée, un réduit sous une cage d'escalier ou tout simplement les ressources combinées des divers marchands qui vous fournissent.

POURQUOI UNE CAVE A VINS ?

Le plaisir de posséder n'a rien dont il faille avoir honte. Avoir un beau tableau au mur, une bonne voiture au garage, un arbre superbe qui domine sa maison, une belle montre au poignet, sont autant de motifs légitimes de satisfaction. Il en va de même d'une cave à bons vins. Savoir qu'on a dans son placard (ou, mieux, à l'étage en dessous) des vins bien choisis qui mûrissent est un grand réconfort pour quiconque. Et ce n'est pas non plus un plaisir purement égoïste.

Car le vin est le bien le plus sociable. Acheter du vin pour le laisser mûrir est une habitude généreuse. Si l'on y consacre du temps, de la peine, de la place, c'est dans le noble but de se montrer hospitalier. Lorsque le vin est mûr, on le partage avec ses amis. Le vin est bien plus qu'un simple rafraîchissement : il sert à éveiller des facultés qui demandent à s'exprimer, à rassembler des esprits dans le partage d'un plaisir commun.

Le plaisir est d'autant plus grand lorsque le vin est en parfait état, bien choisi, bien conservé, bien mûri, et bien servi. Et plus grand encore lorsque, ayant joué le rôle de gardien, on découvre qu'il dépasse ses promesses.

Telle est la vraie raison d'être d'une cave à vins personnelle, si modeste ou somptueuse soit-elle. C'est la seule façon d'être sûr de pouvoir disposer de la quantité de vin adéquate au moment où il est à son apogée. Et ce ne sera pas la seule récompense à vos efforts : vous économiserez de l'argent, et découvrirez peut-être que vous avez fait un bon placement. Vous ne serez plus jamais obligé de rentrer chez vous chargé de bouteilles douteuses, en tout cas bien secouées, pour les servir à la mauvaise température au dîner. Vous pouvez acheter quand vous en avez les moyens, exiger des remises pour des achats groupés, faire livrer le vin quand bon vous semble. Vous passerez sûrement des heures bénéfiques à ranger les bouteilles, relire les étiquettes, songer aux saveurs qu'elles cachent. Mieux encore, quand vous boirez le vin, vous aurez l'impression que c'est un cadeau des dieux. L'argent dépensé il y a longtemps est oublié. Vous aurez le sentiment de boire pour rien.

COMMENT UTILISER CE LIVRE

Le livre de cave est un peu au carnet de notes du dégustateur ce que le livre d'or est au journal intime. Nombreux sont les amoureux du vin qui notent leurs impressions sur tout vin qu'ils ont l'occasion de découvrir. Pour les professionnels, ces notes sont indispensables. Et pour les amateurs, elles sont l'un des moyens les plus rapides pour apprendre. Le livre de cave sert un peu aux mêmes fins, mais son objectif primordial est de permettre au particulier de consigner et de gérer les vins qu'il possède : d'organiser les achats, le stockage et la consommation de manière que rien ne soit perdu ni oublié, que chaque bouteille prenne sa pleine valeur au moment venu, et qu'il puisse ultérieurement se référer aux appréciations qu'il y aura portées.

La marche à suivre est la même, quelle que soit l'importance de la cave. (Notons que le mot cave signifie simplement "stock de vin" ; toutes les images poétiques qu'il suscite — voûtes, arches, piliers, terre battue, chaînes bruyantes, portes qui grincent et longues perspectives où s'entassent les bouteilles — sont des détails secondaires, si agréables soient-ils.)

Tous les vins achetés sont classés suivant qu'ils sont destinés à l'usage courant ou à être gardés. Normalement, on ne note pas en détail sur une pleine page les vins ordinaires. Mais il est utile et intéressant (et parfois impressionnant) de noter le nombre de bouteilles qui entrent chez soi pour la consommation courante. On trouvera donc à la fin du livre une place réservée à cette simple fonction de comptage.
N.B. Il faut avoir bu la totalité (ou presque) des vins consignés ici avant d'en faire entrer d'autres.

Les vins destinés à la garde doivent, en revanche, être consignés, avec tous les détails concernant leur origine, soit sur une pleine page de la section I, soit dans le premier emplacement libre de la section II, suivant la quantité. Vos habitudes vous diront si ce sont six bouteilles, douze ou trois caisses de douze qui constituent un achat important nécessitant une double page. Il faut tenir compte de la longévité tout autant que du nombre de bouteilles. Six bouteilles de longue garde et de grande qualité peuvent mériter une page entière,

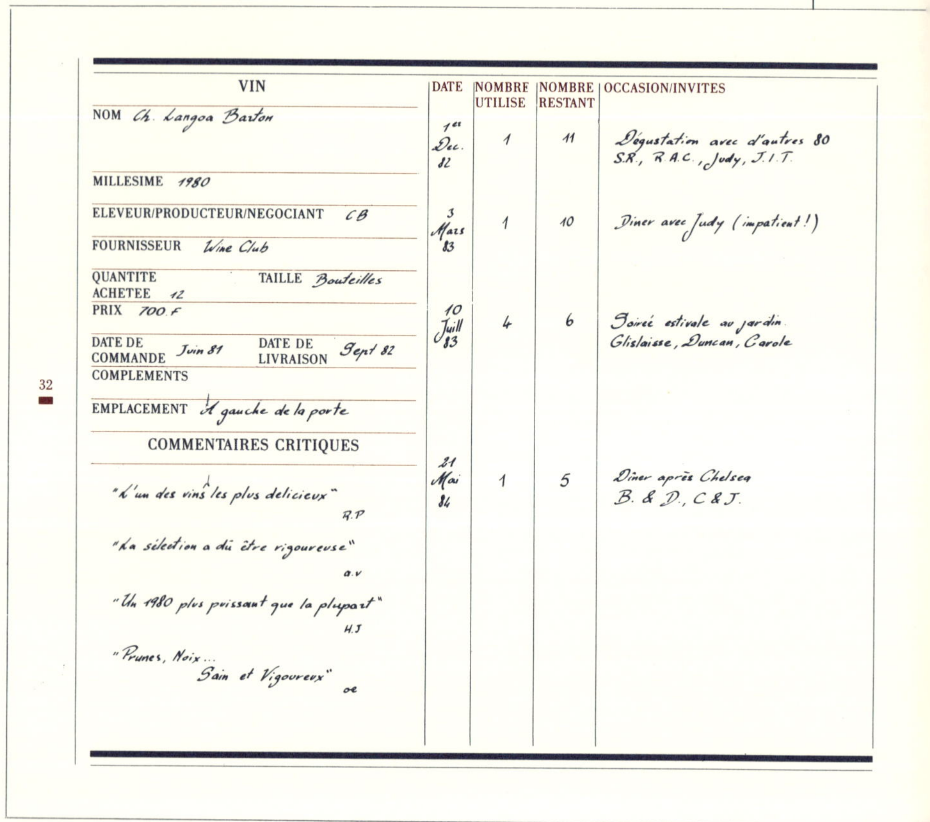
32

VIN

NOM *Ch. Langoa Barton*

MILLESIME *1980*

ELEVEUR/PRODUCTEUR/NEGOCIANT *CB*

FOURNISSEUR *Wine Club*

QUANTITE ACHETEE *12* TAILLE *Bouteilles*

PRIX *700 F*

DATE DE COMMANDE *Juin 81* DATE DE LIVRAISON *Sept 82*

COMPLEMENTS

EMPLACEMENT *A gauche de la porte*

COMMENTAIRES CRITIQUES

"L'un des vins les plus delicieux" R.P

"La sélection a dû être rigoureuse" a.v

"Un 1980 plus puissant que la plupart" H.J

"Prunes, Noix... Sain et Vigoureux" oe

DATE	NOMBRE UTILISE	NOMBRE RESTANT	OCCASION/INVITES
1er Dec. 82	1	11	Dégustation avec d'autres 80 S.R., R.A.C., Judy, J.I.T.
3 Mars 83	1	10	Diner avec Judy (impatient!)
10 Juill 83	4	6	Soirée estivale au jardin. Glislaisse, Duncan, Carole
21 Mai 84	1	5	Diner après Chelsea B. & D., C & J.

Les doubles pages de la section I permettent de rédiger une véritable biographie d'un vin. Les données essentielles seront consignées lors de la livraison, avant d'être complétées par les notes prises au fil de chaque dégustation. La colonne de droite permet de vérifier rapidement l'état des stocks.

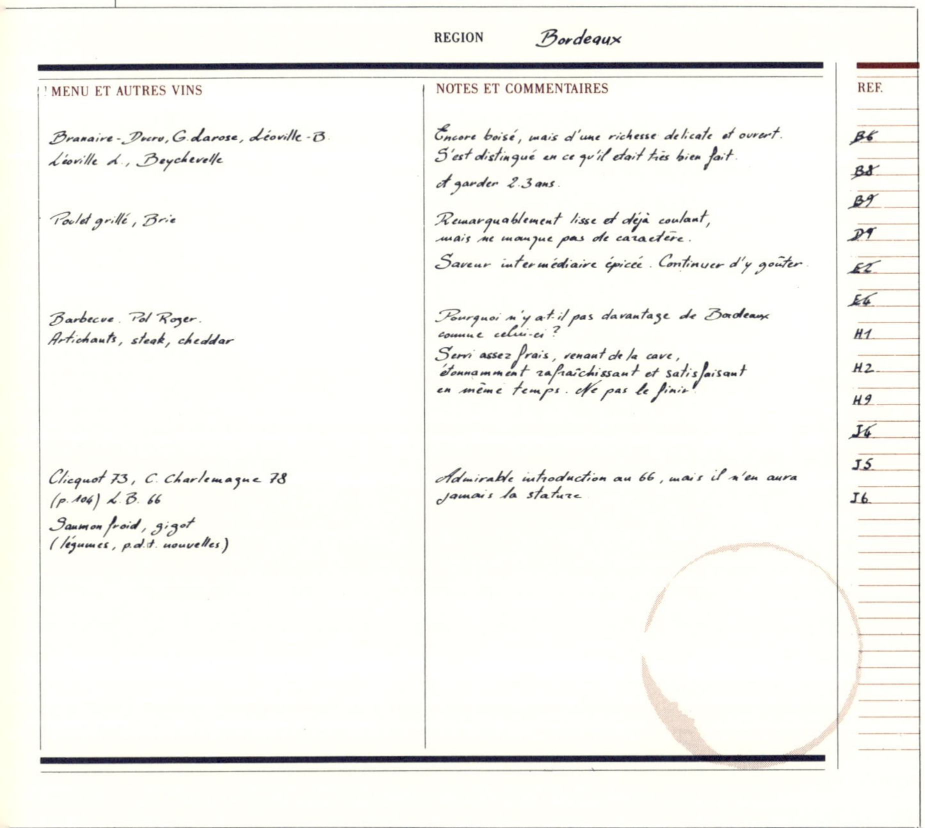

alors qu'il vaut mieux attribuer deux ou quatre lignes de la section II à six bouteilles que l'on gardera de six mois à un an.

C'est au moment de l'achat qu'il faut consigner tous les vins, quand tous les détails sont encore frais en mémoire. Si vous n'avez plus de place dans les casiers, le vin restera dans les caisses tel qu'il a été livré. Si vous n'avez plus de place du tout, c'est le fournisseur qui le stockera. Enregistrez-les néanmoins en notant au crayon où se trouve le vin, jusqu'à ce que vous soyez en mesure de le déballer et de lui attribuer une place "définitive" dans vos casiers.

Lorsqu'on achète des vins en "primeur" (c'est-à-dire alors qu'ils sont encore dans les chais du producteur) on n'a rien en échange de son argent (si ce n'est un reçu) pendant un délai qui peut aller jusqu'à trois ans. Outre qu'il faut conserver soigneusement ces reçus, il est bon de noter les commandes en primeur soit sur une page de la fin du *Livre de cave,* soit à l'emplacement prévu dans la section I ou II.

On trouvera page 20 un système de repérage des bouteilles qui évite les pertes de place. Notez les références dans la colonne de droite au moment où vous rangez les bouteilles et rayez-les lorsque vous retirez les bouteilles pour les boire. Vous aurez ainsi un état parfaitement à jour du nombre et de l'emplacement de vos bouteilles de chaque vin.

C'est aussitôt qu'il faut remplir les colonnes "Occasion" et "Remarques". Attendez ne serait-ce qu'un jour et quelque détail intéressant vous échappera. Vos réactions sur tel ou tel vin peuvent aller du mot unique au bref essai, mais elles doivent être immédiates. Le mieux est de noter en même temps la circonstance, les plats et le nom des hôtes.

La section III permet de consigner les occasions exceptionnelles, déjeuners ou dîners, comme dans un album. Son plan est suffisamment souple pour recevoir un simple commentaire ou un souvenir plus évocateur. Un bon livre d'or contient des hommages, des croquis, des photos, et bien sûr des signatures. Il arrive qu'un repas mémorable mérite une page de ce genre, avec en outre une étiquette de la bouteille qui a fait si grand plaisir.

Utilisez donc ce livre avec suffisamment de méthode et de discipline pour en faire un outil utile — et même indispensable. Mais employez-le également pour faire un portrait de vous-même, de vos amis et de votre goût du vin.

CONCEVOIR SA CAVE
LES ACHATS

La famille, les amis, l'âge, le goût, les habitudes, les revenus, la place, les projets, l'intérêt pour le vin, la disponibilité de bons vins, sont autant de variables qui expliquent qu'il ne puisse ni ne doive y avoir deux caves identiques. Il n'existe pas de cave idéale pour tous les besoins ou pour tout le monde. La seule cave idéale, qu'il serait théoriquement possible de constituer, serait une cave conçue uniquement comme un investissement. Ce serait une collection de grands noms, faite presque exclusivement de Bordeaux et de Porto millésimés ; et qui serait donc, autrement dit, tout sauf idéale pour vous permettre d'expérimenter, de recevoir, d'explorer ou tout simplement de prendre du plaisir.

Votre cave ne doit respecter aucune norme ou schéma *a priori*, mais refléter vos propres préférences et votre mode de vie. Les vins sont de plus en plus soumis à ces caprices de la mode, que les journalistes spécialisés sont chaque jour plus nombreux à imposer à travers le monde entier. Une cave à la mode est presque à coup sûr un mauvais placement financier. Lisez les conseils donnés dans les livres, articles, bulletins. Mais ne vous laissez pas mener par le bout du nez. Méfiez-vous des systèmes commodes de notation qui attribuent à tous les vins une note sur dix, vingt, ou même — ce qui est encore plus absurde — sur cent. C'est pure folie de penser qu'il existe un vin méritant 86/100, qui serait toujours meilleur qu'un vin à 85/100.

Comparez les différents millésimes d'un même château.

"Boire à la française, à deux repas et modérément, c'est trop restreindre les faveurs de ce jeu. Il faut y avoir plus de temps et de constance... J'ai vu un grand seigneur de mon temps, personnage de hautes entreprises et fameux succès qui, sans effort et entrain de ses repas communs, ne buvait guère moins de cinq lots de vin, environ dix bouteilles ; et ne se montrait au partir de là que trop sage et avisé aux dépens de nos affaires."

Montaigne.

Goûtez aux vins dont on parle ou qui sont fortement conseillés, mais posez-vous franchement la question : vous procurent-ils un plaisir plus grand qui justifie un prix plus élevé ?

Comme pour toutes les denrées que vous achetez régulièrement, mais qui sont sujettes à variation, il vaut mieux établir une relation amicale et confiante avec un ou plusieurs fournisseurs, qui vous sauront gré de votre fidélité et s'efforceront de mériter votre confiance, plutôt que de vouloir ruser avec le marché.

"Mais il faut prendre garde qu'aucune bouteille de vin vieux, d'un cru donné, n'est identique à une autre du même cru et de même année. Non seulement, il en est de mauvaises, de médiocres, de moyennes, de bonnes, mais encore, parmi les meilleures, chacune à sa caractéristique très particulière. Vous ouvrirez dix bouteilles de Cos-d'Estournel 1870 et vous aurez dix bouteilles différentes."

Paul de Cassagnac. *Les Vins de France*, 1927.

Laissez votre cave développer sa propre personnalité. N'essayez pas d'être omniscient, mais suivez, année par année, les vins que vous avez aimés. On a beaucoup de plaisir à se spécialiser. Les petites différences entre deux millésimes d'un château assez modeste, ou de deux châteaux voisins dans une même région, deviendront significatives dès que vous aurez appris à les connaître et vous donneront autant de plaisir que des contrastes bien plus évidents (et plus coûteux). Si vous avez la chance de connaître personnellement un producteur, achetez son vin, parlez-en et profitez-en.

La cave la plus impressionnante et la plus étrange que j'aie jamais vue se trouvait sous un élégant presbytère de pierre du XVIIIe siècle dans l'ouest de l'Angleterre. On y accédait par l'un ou l'autre de deux imposants escaliers de pierre, dont les marches n'étaient pas très hautes, mais suffisamment larges pour qu'on puisse y marcher à deux de front. Ils donnaient sur une large salle plus ou moins carrée, dallée de pierres, éclairée par trois ou quatre embrasures seulement, et où les arcades réconfortantes des casiers à bouteilles s'entassaient tout autour, l'une sur l'autre, comme le pont du Gard. Le curé, ainsi qu'on peut l'imaginer, entrait par la droite tout en conversant, choisissait les bouteilles à monter, puis sortait par la gauche, faisant remarquer à son compagnon comme le vin serait d'une fraîcheur agréable.

Si imposante qu'elle fût, ce qui m'est vraiment resté gravé en mémoire est le goût du dernier occupant, dont témoignaient les noms écrits à la craie sur les ardoises suspendues au-dessus de chaque casier. Rien que de très orthodoxe : Bollinger, Clicquot, Moët, Krug. En dessous Laurent Perrier, Heidsieck, Ayala, Pommery. A droite Pol Roger, Mumm, Taittinger, Lanson, Perrier, Jouët, Irroy, Goulet, Ruinart. Roederer, Mercier, Piper, Gratian, Gosset, Jacquesson.

J'ai souvent songé à ce prêtre. Amateur de Champagne, je n'en doute pas. Mais comment faisait-il pour choisir ?

Moi qui me surprends à aller chercher une bouteille de Xérès et à revenir avec deux demi-bouteilles de Bordeaux, j'ai pour lui une prodigieuse admiration. "Gosset", pensez-vous qu'il s'exclamait au réveil "c'est un jour à boire du Gosset" ? Ou était-il constamment distrait en rédigeant ses sermons par le besoin de choisir entre Moët et Mumm avant le déjeuner ?

"Particularité plus étonnante encore, l'inutilité du vin. Il est sans doute la plus volumineuse expression de la gratuité jamais apparue sur la planète..."

Raymond Dumay, 1977.

Rappelez-vous que le vin est fait pour les gens, et qu'il leur donne beaucoup de plaisir au-delà de celui, relativement limité, du goût. Achetez les vins des années de naissance de vos enfants et des enfants de vos amis, ou de toute année qui a pour vous une signification particulière. Les enfants sont fiers de "leur" vin, et quand vous débouchez une bouteille de votre année de mariage, ce n'est pas au bouquet, au sucre résiduel ou à l'arrière-goût que vous songez d'abord.

"Il faut également noter que certains marchands de vin trompent les gens au moment où ils goûtent leurs vins. Ils font paraître suaves les vins aigres ou amers en persuadant les dégustateurs de manger du réglisse ou des noix, ou de vieux fromages salés, ou des plats bien cuisinés avec des épices... Les dégustateurs peuvent se prémunir contre de tels agissements en goûtant les vins le matin après s'être rincé la bouche et avoir mangé trois ou quatre bouchées de pain trempées dans l'eau, car quiconque goûte un vin l'estomac vide ou plein s'apercevra que sa bouche et son goût ont été gâtés."

Arnaldus de Villanova. *Liber de Vinis.* D'après la version allemande de Wilhelm von Himkofen, 1478.

Lorsque vous trouvez un vin superbe qui se gardera et s'améliorera pendant des années, associez-le à telle occasion ou tel jour particulier de l'année. Nous avons une réserve de bon Xérès oloroso qui est devenu notre vin de Noël. Chaque année nous en débouchons une bouteille, le matin de Noël. Chaque année, il est encore meilleur. Le vin mûrit merveilleusement, mais ce qui compte encore davantage, c'est tous les moments heureux qui lui sont associés.

Il est utile, encore qu'artificiel, de classer tous les vins que vous achetez en catégories d'âge — âge de consommation, bien entendu. Meilleur est le vin, et moins on a de certitudes quant à son âge optimal ; mais le tableau ci-dessous est un guide pratique et assez réaliste pour classer vos achats.

LES VINS A BOIRE

Ce sont des vins à consommer rapidement. N'en achetez pas plus que vous n'en utiliserez en trois mois. La grande majorité des vins rouges et blancs à bas prix. Les vins ordinaires. Les vins rouges et blancs vendus sous la mention "nouveau", à la façon du Beaujolais. La plupart des vins de table de marque. La plupart des vins italiens. Le Muscadet. Le rare Condrieu. Le Vinho verde. Le Xérès fino. Les vins allemands en dessous du niveau des Qualitätswein. La plupart des vins rosés ou œil-de-perdrix et les vins gris. Le Côtes du Rhône et le Chianti ordinaires. L'attrait de tous les vins de cette catégorie réside dans leur fraîcheur, et ils ne gagnent donc rien à être gardés.

LES VINS D'UN OU DEUX ANS

Une grande catégorie de vins rouges et blancs dont le caractère et la valeur augmentent assez rapidement dans les années qui suivent immédiatement la mise en bouteille. Trop jeunes, ces vins risquent d'être "muets" et de cacher leur pleine saveur, ou durs au point de vous en détourner.

A titre d'exemples, parmi les blancs on peut citer le Chablis, le Sancerre, l'Alsace ordinaire, le Qualitätswein allemand, la plupart des Chenin Blanc, les bons vins suisses, les Chardonnay de qualité normale, qu'ils proviennent de Bourgogne, de Californie, d'Australie ou de Nouvelle-Zélande. Parmi les rouges, les Bordeaux et les Bourgogne, le Côtes du Rhône village et les meilleurs vins rouges du Midi et de Provence, les vins de Reserva d'Italie et d'Espagne, et presque tous les vins issus de Cabernet Sauvignon à prix modeste. La plupart des vins où l'on espère trouver de la vigueur, un peu de corps, un caractère marqué, mais sans le bouquet complexe et impalpable que donne une longue évolution.

En Europe, il faut inclure dans cette catégorie le Champagne, qu'il soit millésimé ou non. Le Champagne non millésimé de provenance plus lointaine a en général suffisamment mûri (et parfois trop) en route. Le Porto vintage vieilli en fûts peut bénéficier d'une ou deux années de cave. De même que les Xérès oloroso de bonne qualité.

"Le vin est semblable à l'homme : on ne saura jamais jusqu'à quel point on peut l'estimer et le mépriser, l'aimer et le haïr, ni de combien d'actions sublimes ou de forfaits monstrueux il est capable. Ne soyons donc pas plus cruels envers lui qu'envers nous-mêmes, et traitons-le comme notre égal."

Baudelaire. *Œuvres complètes.*

LES VINS DE DEUX A CINQ ANS

C'est avant tout la qualité qui définit les vins de cette catégorie, de la précédente et de la suivante. Les meilleurs exemples des vins de la catégorie précédente ne commencent souvent à gagner en saveur et en intérêt qu'au bout de deux ans ou davantage, pour n'acquérir de véritable style qu'autour de leur cinquième année, voire au-delà. Tels sont les crus bourgeois de Bordeaux et leurs équivalents d'autres régions dans les bons millésimes (par exemple les Médoc 1979 en 1984, les 1981 en 1986) et la majorité des Bourgogne rouges de la Côte d'Or (Beaune, Volnay, Savigny, Chambolle, etc.) dans les millésimes normaux (1980, 1981 et 1982 ont tous donné le meilleur d'eux-mêmes au bout de cinq années). Cinq ans est un bon âge pour les vins de haute qualité de millésimes légers tels que 1980, et pour le Cahors, le Madiran et les vins rouges de densité moyenne. Les vins plus concentrés (y compris nombre de vins rouges de Californie et d'Australie de même que les grands millésimes de Bordeaux) se mettent souvent à hiberner vers cette époque de leur vie, prenant un goût fruste et décevant. Les Chianti Reserva et les Cabernet du Chili sont bons au bout d'environ cinq ans.

Tous les meilleurs Bourgogne blancs et les autres Chardonnay appartiennent à cette catégorie, avec la majorité des vins blancs de qualité du Rhône, d'Alsace et de Bordeaux, les Kabinett allemands et autrichiens et certains Spätlese et Auslese. Bon nombre de Sauternes (mais non les meilleurs) commencent à être bons à cette époque. Il est peu d'autres vins blancs qu'il faille garder beaucoup plus longtemps (par exemple le Hunter Valley Semillon, le Jurançon, les très rares Bordeaux blancs secs du plus haut niveau). Les grands Champagne millésimés sont également à classer ici, à moins que vous n'aimiez les saveurs plus profondes de l'âge.

"C'est une erreur de supposer qu'il faille ne boire le vin de longue garde que lorsqu'il ne se gardera plus."

Cyrus Redding. *A History and Description of Modern Wines,* 1833.

VINS BLANCS DE GARDE

Seuls les vins blancs exceptionnels peuvent mûrir au-delà de cinq ans, mais certains d'entre eux l'exigent. Ce sont les Bourgogne blancs de très haute qualité, dans les millésimés équilibrés à la perfection, leurs équivalents allemands : les Spätlese et les Auslese parfaits, et les plus grands vins liquoreux du monde, les meilleurs Sauternes, les Beerenauslese, Trockenbeerenauslese et Eiswein allemands.

VINS ROUGES DE LONGUE GARDE

Les plus grands vins rouges du monde entier entrent dans cette catégorie : leur haute teneur naturelle en tanin exige souvent un minimum de dix années, et de préférence vingt, pour se combiner à leurs pigments lors de ce processus de vieillissement en bouteilles qui reste encore un mystère. Les bons crus classés de Bordeaux de millésimes réussis sont les plus lents des vins naturels à évoluer, mais les très bons Bourgogne ont presque autant à gagner de dix années ou davantage de bouteille. Parmi les autres vins qui s'améliorent sur une période comparable figurent les meilleurs vins rouges du Rhône, surtout l'Hermitage, le Barolo et le Barbaresco du Piémont, le Brunello et le Sassicaia de Toscane, certains Rioja Grave Reserva et Vega Sicilia d'Espagne, les Colares et Barca Velha du Portugal, les meilleurs Cabernet Sauvignon de Californie, et quelques vins rouges exceptionnels d'Australie (la plupart d'entre eux, y compris les plus grands Cabernet et Shiraz, sont à leur apogée avant dix années).

De tous les vins, celui qui demande à vieillir le plus longtemps est le Porto vintage. Peu de millésimes — et il ne s'agit d'aucun des grands — commencent à être intéressants avant une quinzaine d'années. Et les grands millésimes (1963, par exemple) sont encore jeunes à vingt-cinq ans.

"Le jeune prince avait renoncé au vin pendant toute l'année passée, en raison d'une inflammation de la gorge causée par ses excès de boisson, dont son père avait également souffert autrefois pour la même cause. En conséquence de quoi le Kourouk, ou prohibition du vin, fut renouvelé, afin qu'on n'en vendît plus. Car c'est la coutume des grands d'Asie, lorsqu'ils ont l'intention de renoncer au vin, d'ordonner qu'on jette tout celui qu'ils possèdent, et qu'on brise la tête des vaisseaux, afin que s'ils devaient avoir le désir d'en boire à nouveau, ils n'aient plus la possibilité de le satisfaire ; car ils ne s'estiment pas maîtres de leurs passions."

Sir John Chardin. *Travels into Persia,* 1686.

ACHETEZ DAVANTAGE DE VINS DE GARDE

La quantité qu'il faut acheter d'un vin donné est fonction avant tout du prix. Mais il ne faut pas oublier le facteur longévité : plus un vin peut continuer de mûrir, plus il vous en faudra (ou plus vous souhaiterez en avoir). Si vous achetez six bouteilles d'un vin qui vieillit dix ans, vous en déboucherez peut-être une au moment de l'achat, une autre trois ans plus tard pour constater les progrès, une autre encore au bout de cinq ou six ans, une autre (avec impatience) au bout de huit années. Au terme des dix années, le vin est superbe, mais il ne vous en reste que deux bouteilles. Si vous en aviez acheté une douzaine, il vous en resterait assez pour deux ou trois dîners. Et avec deux douzaines vous auriez eu la possibilité d'en revendre une caisse complète pour financer de nouveaux achats, en toute connaissance de ce que vous vendez.

"Il s'agit du vin, c'est à dire de la partie intellectuelle d'un repas. Les viandes n'en sont que la partie matérielle."

Alexandre Dumas.

Si l'on considère la cave dans son ensemble, la formule qui donne le nombre idéal de bouteilles est la suivante : *consommation idéale × délai de garde optimal = stock idéal.* Si, donc, un vin donné demande à être gardé en moyenne cinq ans et si on en boit deux bouteilles par mois, le stock idéal est de 24 (consommation annuelle) × 5 (délai de garde optimal) = 120 bouteilles. Le nombre de bouteilles à racheter chaque année (taux de remplacement) est identique à la consommation annuelle. Les coûts sont exprimés en euros et sont donnés à titre indicatif.

Les quantités illustrées ici sont celles pour un couple modeste et ne tiennent pas compte des réceptions qui sont la grande variable. Les chiffres peuvent, bien sûr, être doublés (ou triplés) sans changer la formule. Vous pouvez désirer également ajouter une bonne quantité en plus de bouteilles de Champagne.

VINS BLANCS

Type	Consommation	Stock idéal	Taux de remplacement	Coût
1. Vins à boire aussitôt	Stock maximum : 12 bouteilles			
2. Vins à boire au bout de 1-2 ans à environ 75 € la caisse	1 bouteille par semaine	52 x 1,5 = 78	52	x 6 € = 312 €
3. Vins blancs de garde (3-10 ans) à environ 185 € la caisse	2 bouteilles par mois	24 x 6,5 = 156	24	x 15 € = 360 €
		Total = 234 bouteilles = $19\frac{1}{2}$ caisses		Total = 672 € par an

VINS ROUGES

Type	Consommation	Stock idéal	Taux de remplacement	Coût
1. Vins à boire aussitôt	Stock maximum : 12 bouteilles			
2. Vins à boire au bout de 1-2 ans à environ 55 € la caisse	2 bouteilles par semaine	104 x 1,5 = 156	104	x 4,50 € = 468 €
3. Vins à boire au bout de 2-5 ans à environ 110 € la caisse	1 bouteille par semaine	52 x 3,5 = 182	52	x 9 € = 468 €
4. Vins rouges de garde (5-10 ans) à environ 330 € la caisse	1 bouteille par mois	12 x 10 = 120	12	x 28 € = 336 €
		Total = 458 bouteilles = 38 caisses		Total = 1 272 € par an

TOTAL DES VINS BLANCS ET ROUGES = 57 caisses — TOTAL = 1 944 € par an

VINS BLANCS

1-2 ans : stock idéal = 6,5 caisses

3-10 ans : stock idéal = 13 caisses

LÉGENDE

= stock continu idéal (vins blancs)

= quantité bue et remplacée chaque année (vins blancs)

= stock continu idéal (vins rouges)

= quantité bue et remplacée chaque année (vins rouges)

La cave idéale, exprimée graphiquement. Les caisses — dont chacune contient douze bouteilles — représentent le stock idéal, celles qui sont bues et remplacées chaque année étant plus claires. Les vins qui mûrissent le plus vite — ceux de gauche — connaissent une rotation plus rapide. On boit inévitablement davantage de vins moyens.

VINS ROUGES

1-2 ans : stock idéal = 13 caisses

2-5 ans : stock idéal = 15,1 caisses

5-20 ans : stock idéal = 10 caisses

CONDITIONS DE CONSERVATION

Sécurité, obscurité, température et humidité, tels sont les quatre facteurs à prendre en considération. La cave doit être une installation solide, définitive, et à l'abri des chapardeurs. Elle doit être sombre. La lumière, en particulier sa composante ultra-violette, traverse même le verre des bouteilles vert sombre avec une facilité étonnante pour endommager très rapidement le vin. Une bouteille de vin exposée en vitrine ou sous les lumières d'un magasin pour quelques semaines seulement subit des transformations chimiques. N'achetez pas cette bouteille, et ne conservez pas vos bouteilles à la lumière chez vous.

Le vin doit être conservé à une température constante ; qu'elle soit de 4°C ou de 20°C, cela n'a sans doute guère d'importance à court ou à moyen terme, bien que la rapidité des changements biochimiques — qu'il s'agisse d'amélioration ou de détérioration — soit directement fonction de la température. Les deux ennemis du vin sont les températures excessivement élevées, certainement tout ce qui dépasse 21°C, et les fluctuations rapides ou extrêmes répétées sur un certain laps de temps. De telles fluctuations dilatent et contractent le vin dans la bouteille et risquent de faire "pleurer" le bouchon. Mais surtout, elles "fatiguent" tout simplement le vin et sapent sa vitalité organique.

"Ce qui m'a le plus étonné dans presque toute la région du Sud-Est, c'est l'absence de cave ou de cellier à température fixe. Les vaisseaux vinaires subissent les mêmes variations que la température extérieure. Aucun vin de Bordeaux ou de Touraine ne pourrait se soutenir dans de pareilles conditions."

Docteur Jules Guyot, 1876.

Les vins qui ont changé plusieurs fois de cave au cours de leur vie ont moins de chances d'atteindre leur pleine maturité avec toutes leurs qualités intactes. Témoin les catalogues de ventes aux enchères, qui précisent toujours si un vin est resté couché toute sa vie dans une seule cave — en soulignant, très souvent, qu'il s'agit d'une cave fraîche, où l'évolution aura été aussi lente et régulière que possible.

Curieusement, rien ne prouve vraiment que des températures froides, voire inférieures à 0°, endommagent les vins, du moins sur une brève période. Il est arrivé que des bouteilles gèlent, puis dégèlent, sans modification décelable, le plus grand risque étant que la dilatation du vin expulse le bouchon. Des mois de grand froid semblent pourtant avoir pour effet d'engourdir la saveur au point qu'elle ne s'en rétablisse jamais.

En revanche, la chaleur extrême est bien vite fatale. Une proportion désolante de vin, débarqué en été sous des climats chauds (y compris l'est des Etats-Unis), passe suffisamment de temps dans des entrepôts maritimes ou des conteneurs exposés au soleil pour vieillir prématurément. Pour survivre sous les Tropiques, tous les vins naturels exigent un transport et un stockage à température contrôlée.

"J'ai rencontré en Angleterre des personnes qui s'imaginent que les Français poussent la sobriété à table à tel point qu'on ne puisse obtenir au dîner qu'un ou deux verres de vin ; c'est une erreur ; votre domestique coupe le vin d'eau dans les proportions qui vous conviennent ; et de grands plateaux de verres propres... sont placés en différents points de la table, pour servir les vins plus riches et plus rares, que l'on boit de cette manière assez librement. Toute la nation s'entend admirablement pour refuser de boire dans des verres qui ont servi à d'autres gens."

Arthur Young, *Travels in France during the years 1787, 1788 and 1789.*

En termes pratiques, chez le particulier, le facteur essentiel est l'isolation. Si les caves sont sous terre, c'est précisément parce que celle-ci les isole. On n'a pas encore trouvé mieux. L'isolation que donnent des murs épais, ou des doubles cloisons remplies de mousse, peuvent dans le meilleur des cas réussir à ralentir le rythme de réchauffement ou de refroidissement — c'est en tout cas suffisant sous le climat tempéré du nord-ouest de l'Europe.

Là où les différences climatiques sont les plus marquées, la déperdition de chaleur ou de froid à chaque fois que l'on ouvre la porte est telle qu'il faut une unité de chauffage ou de réfrigération. Le dispositif de climatisation doit être réglé à 10°C, afin d'obtenir à la fois la température de conservation idéale pour tous les vins et une température de service quasi idéale pour les vins blancs et le Champagne.

L'humidité est amie du vin, mais ennemie des étiquettes et des cartons. Une cave ne saurait guère être trop humide pour une bouteille nue. Dans une cave sèche, c'est le vin qui, à une extrémité du bouchon, doit l'humidifier et le garder en place. Alors que, dans une cave humide, le bouchon tout entier est régulièrement saturé. En outre, si la cave est extrêmement humide, le vin vieillit plus lentement. Les étiquettes vieillissent en revanche instantanément, deviennent illisibles et tombent. A moins que vos livres de cave ne soient parfaitement à jour, vous risquez alors de ne plus pouvoir identifier les vins, et, en outre, de ne pouvoir les revendre, dans une salle des ventes ou ailleurs ; toute la valeur marchande tient dans ce petit rectangle de papier.

Une couche de vernis, ou un jet de laque, voilà la mesure de protection efficace contre cette espèce d'humidité modérée qui fait moisir les étiquettes sur plusieurs années. Mais on ne saurait pour autant collectionner les vins dans une crypte ruisselante.

''Il faut observer que lorsque nous parlons de la sève ou du bouquet pour les vins rouges de Médoc ou de Graves, nous entendons les vieux vins seulement. Dans les nouveaux vins, ces qualités ne peuvent se reconnaître, on ne peut que les conjecturer et c'est l'expérience seule qui nous a appris que lorsque les vins des crus particuliers s'offrent exempts de verdeur avec de la couleur, du corps, et de la vinosité, on peut compter qu'ils acquerront en vieillissant une sève balsamique et du moelleux...''

M. Pajuierre. Courtier en vin à Bordeaux, 1829.

Il faut coucher toutes les bouteilles de manière que le liquide soit en contact avec le bouchon. Si la bouteille est debout, le bouchon, surtout dans une atmosphère sèche, aura tôt fait de perdre son élasticité — au bout d'un mois ou deux — et de laisser entrer l'air au contact du vin.

En une occasion, apparemment unique, le bouchon d'une bouteille placée debout se rétracta suffisamment pour tomber littéralement dans le vin, et pourtant la capsule de plomb, avec la fine couche de moisissure qui s'était déposée à l'intérieur, forma un joint hermétique. On s'en aperçut au bout de dix ans — et le vin était encore en bonne santé.

Deux exceptions à cette règle : le Tokay et le Barolo. Les Tokay les plus doux étaient traditionnellement conservés debout, dans des caves humides, et les bouchons changés tous les dix ans à peu près. Certains producteurs traditionnels de Barolo suivent la même pratique, mais davantage par ignorance semble-t-il qu'en vertu de quelque science secrète.

On peut se faire une assez bonne idée du caractère et de l'état d'un vin dans sa bouteille sans la déboucher pour y goûter. Si le verre vert réussit à cacher la couleur des vins blancs, le verre incolore (tel celui des bouteilles de Sauternes) révèle aussitôt leur état de maturité : un Sauternes or profond a assez vieilli ; celui qui tourne au brun doit être bu rapidement.

La couleur des vins rouges apparaît bien au travers de la bouteille verte. Il suffit de tenir celle-ci devant une ampoule de 60 watts. On comparera ainsi le rouge clair d'un jeune Bordeaux peu cher au rouge profond d'un grand vin, jeune, mais d'un bon millésime. On comparera le violet pâle du Beaujolais nouveau au rouge plus soutenu d'un Bourgogne (encore plus pâle que le Bordeaux), et au rose ambré, clair et translucide, d'un vieux Bourgogne dans le goulot.

Les bons vins rouges de Californie et d'Australie sont normalement très denses de couleur et le restent pendant plus longtemps qu'aucun autre vin, excepté le Bordeaux des millésimes exceptionnels. Le Porto est difficile à examiner, du fait des bouteilles en verre presque noir.

Dans toute cave il faut des cases, niches ou casiers permanents pour ranger les bouteilles. Les grands casiers sont une relique de l'époque où l'on achetait le vin par barriques entières et où on le mettait en bouteilles dans la cave : on entassait ensuite les quelque trois cents bouteilles de la barrique, en général sans étiquettes, dans des cavités en arche où les bouteilles étaient disposées sur deux rangs de profondeur et une douzaine de hauteur. Celles-ci sont encore en usage aujourd'hui dans les châteaux et les caves des producteurs, dans les hôtels et les restaurants parfois, mais ne sont plus adaptées aux besoins du collectionneur privé, dont l'unité est la bouteille ou la caisse de douze bouteilles.

Pour nous, la forme de stockage la plus pratique est celle qui prend le moins de place, et il n'est qu'une méthode qui permette d'utiliser en permanence tout l'espace. Le casier à bouteilles, avec des ouvertures destinées à une seule bouteille, prend certes plus de place qu'un modèle dans lequel on peut empiler les bouteilles. Mais chaque bouteille est accessible sans qu'on ait besoin de déplacer les autres. Et dès qu'une bouteille a servi on peut en mettre une autre à sa place. Seule une cave très active, où on livre et consomme régulièrement les bouteilles par lots de douze, justifie les divers modèles de casiers qui accueillent plusieurs bouteilles dans chaque ouverture.

LE RANGEMENT DE LA CAVE

Ce n'est que dans une cave très spacieuse qu'on peut se permettre d'avoir beaucoup de place inoccupée. Pour être efficace, le système de rangement doit remplir la cave. Mais à mesure qu'on en retire des bouteilles pour les boire, les emplacements libres apparaissent ici et là, au hasard des circonstances. Reclasser continuellement toutes les bouteilles est une perte de temps. La seule méthode à la fois logique et efficace est donc de remplacer les bouteilles dans l'ordre aléatoire où elles disparaissent. Plutôt que de vouloir laisser les six ou les douze bouteilles d'un même vin ensemble, il vaut mieux les ranger dans les emplacements libres — à condition, cependant, de noter de façon méthodique l'endroit où on les a mises. Les pages blanches des sections II et III de ce livre sont conçues à cette fin. Dans une petite cave comportant un seul casier il est facile d'attribuer un numéro à chaque emplacement. On fait correspondre les rangées horizontales chacune à une lettre, en commençant en haut par A, et on numérote les rangées verticales en commençant par 1 à gauche. C4 est donc le quatrième emplacement à partir de la gauche dans la troisième rangée à partir du haut.

Dans une cave comportant plusieurs casiers, il faut en outre leur donner chacun un nom ou un numéro. Si la cave est très spacieuse, on pourra avoir des casiers séparés pour le Bordeaux, le Bourgogne, etc. Les références des bouteilles pourront alors être notées "BxE6", "BgC4" ou même "Gauche Bx" ou "Droite BxE6". Une solution plus simple consiste à numéroter chaque casier, de sorte que chaque référence soit du type "3E6".

La profondeur des casiers est habituellement d'une bouteille. Mais on peut également en acheter ou en fabriquer de deux bouteilles de profondeur, où l'on peut soit ranger les deux bouteilles du même côté (c'est-à-dire en plaçant le casier contre un mur), soit accéder d'un côté comme de l'autre. Lorsqu'on range les bouteilles par deux contre un mur, il est parfois difficile de voir s'il reste une ou deux bouteilles à tel ou tel endroit. S'il y a deux bouteilles, faites dépasser un peu celle de devant ; s'il n'en reste qu'une, alignez-la sur l'avant du casier pour indiquer qu'il n'y a rien derrière elle.

Les magnums posent un problème de rangement particulier dès qu'on en a beaucoup. On peut en ranger quelques-uns tout en haut d'un casier à bouteilles normales.

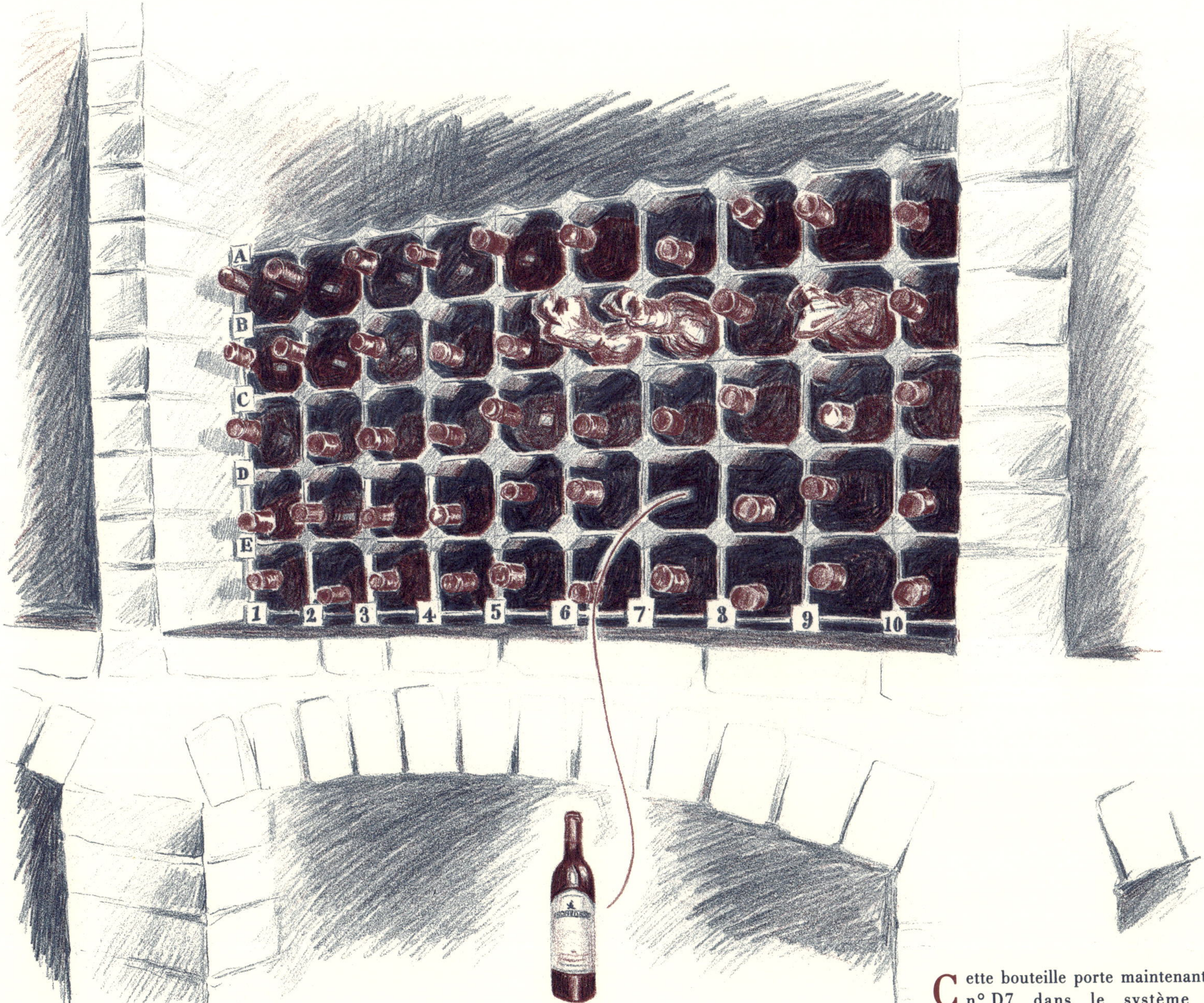

Cette bouteille porte maintenant le n° D7 dans le système de rangement. Lorsqu'on vient de l'acheter, on la range à la première place vide puis on en note la référence dans le livre de cave.

BOUTEILLES DE TOUTES TAILLES

Rien ne permet de savoir avec certitude si la bouteille de vin traditionnelle était conçue à l'origine pour une ou deux personnes. A en juger d'après les facultés de nos ancêtres, il s'agissait peut-être de la ration d'un seul homme. Aujourd'hui on estime généralement qu'elle suffit pour deux.

La contenance standard tend aujourd'hui à se fixer à 75 centilitres, bien que l'on commercialise encore bon nombre de vins ordinaires en bouteilles de 70 centilitres dans certaines régions. Les vins fins, en particulier le Bordeaux et le Champagne, sont traditionnellement vendus dans toute une série de tailles dont les noms, capacités et dimensions sont cités ci-dessous.

On utilise en général les grandes bouteilles pour des raisons de commodité, ou de prestige dans le cas du Champagne : c'est un grand luxe que de pouvoir ouvrir seize bouteilles au son d'un seul bouchon. Dans le cas du Bordeaux et du Bourgogne (bien que le Bourgogne soit moins couramment commercialisé en ''formats'' plus grands), les grandes bouteilles sont en principe indispensables pour les réunions de huit personnes ou plus, si l'on veut être sûr qu'elles boivent toutes exactement le même vin.

A mesure que le vin vieillit, chaque bouteille mûrit en effet de façon légèrement différente. Lorsqu'un bon Bordeaux a quinze ans, les différences de caractère sont tout à fait évidentes d'une bouteille à

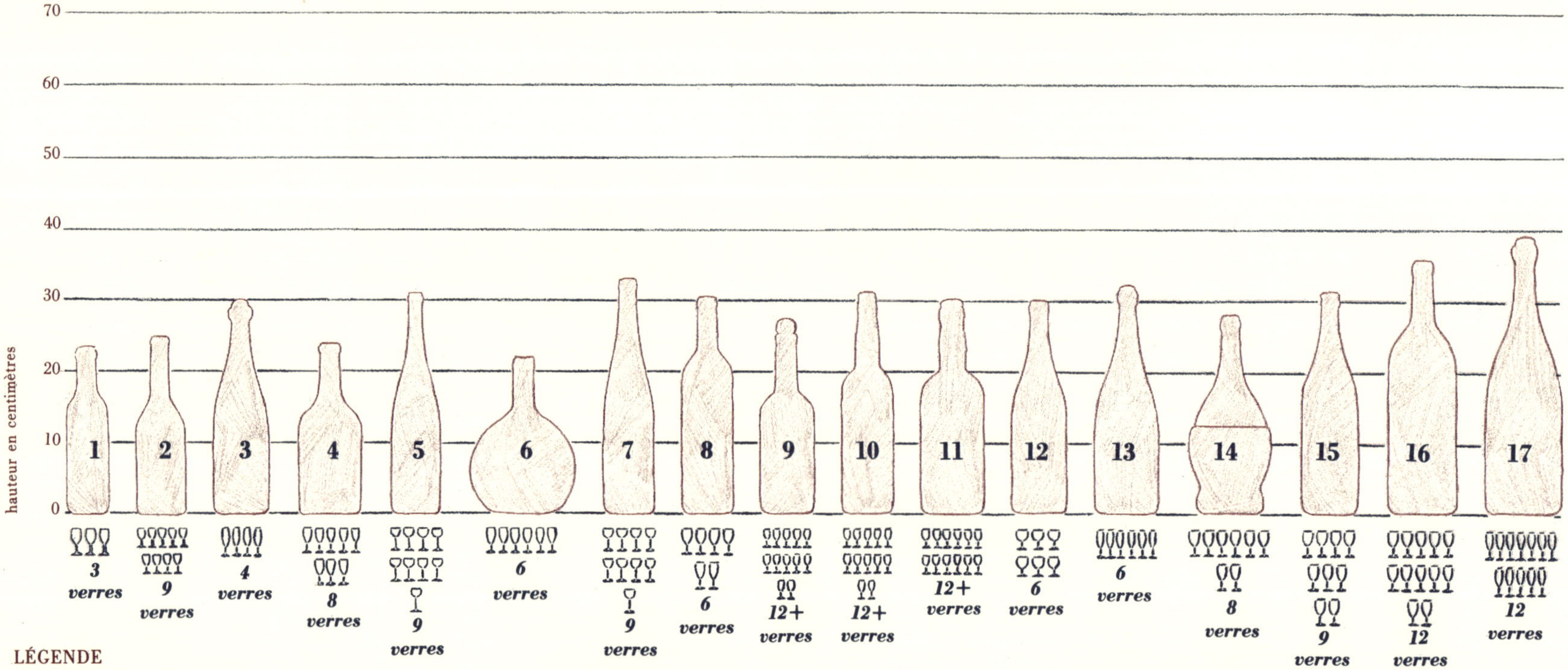

LÉGENDE

1. Demi-bouteille : 0,375 litre, 23,5 × 5,8 cm
2. Tokay : 0,50 litre, 25,3 × 7 cm
3. Pinte impériale : 0,60 litre, 30 × 8 cm
4. Clavelin (Jura) : 0,65 litre, 24 × 9,5 cm
5. Rhin/Moselle : 0,70 litre, 31 × 7,5 cm
6. Bocksbeutel (Franconie) : 0,70 litre, 21,5 × 15 cm
7. Flûte (Alsace) : 0,72 litre, 30,5 × 7,5 cm
8. Bordeaux : 0,75 litre, 33 × 7,5 cm
9. Xérès Cream : 0,75 litre, 28 × 8 cm
10. Xérès : 0,75 litre, 31 × 7,3 cm
11. Porto millésimé : 0,75 litre, 30 × 8,1 cm
12. Bourguignonne : 0,80 litre, 30,5 × 8,2 cm
13. Champagne : 0,80 litre, 32 × 9,5 cm
14. Mezzo-fiasco (Italie) : 0,9 litre, 28 × 12 cm
15. Litre : 31 × 8,5 cm
16. Magnum (Bordeaux) : 1,5 litre, 35,5 × 10 cm
17. Magnum (Champagne) : 1,6 litre, 39,1 × 11 cm
18. Fiasco (Italie) : 2,00 litres, 34 × 14 cm
19. Double magnum (Bordeaux) : 3,00 litres, 39 × 13 cm
20. Jéroboam (Champagne) : 3,20 litres, 49,8 × 13,5 cm
21. Jéroboam (Bordeaux) : 4,50 litres, 55,9 × 15,8 cm
22. Réhoboam (Champagne) : 4,80 litres, 55,9 × 15,8 cm
23. Impériale (Bordeaux) : 6,00 litres, 50,8 × 15,2 cm
24. Mathusalem (Champagne) : 6,40 litres, 61 × 17 cm
25. Salmanazar (Champagne) : 9,60 litres, 66 × 20,1 cm
26. Balthazar (Champagne) : 12,80 litres, 72 × 21,1 cm
27. Nabuchodonosor (Champagne) : 16,00 litres, 97 × 22,3 cm

l'autre. A moins que tous les convives d'une table ne partagent la même bouteille, on risque de parler de vins très différents sans jamais pouvoir se mettre d'accord. Lors de grandes réceptions, où le vin n'a qu'une simple fonction conviviale, on peut négliger ces détails. En revanche, lorsque des amis se réunissent pour parler de vin, il faut s'assurer qu'ils boivent tous le même. On ne remplit, chichement, que huit verres avec une bouteille. La solution est le magnum, qui permet de servir huit personnes à deux reprises, ou de remplir correctement quatorze verres au moins. Les bouteilles encore plus grandes rendent le même service pour des réunions encore plus nombreuses. On estime en outre qu'elles permettent au vin de mûrir plus lentement, avec des résultats finals plus satisfaisants.

Les demi-bouteilles de vins fins se font de plus en plus rares, sauf dans le cas du Champagne et du Sauternes, pour lesquels elles sont particulièrement commodes. Pour les vins rouges, on estime que la dépense supplémentaire que représentent deux bouteilles, bouchons, capsules et étiquettes ne se justifie guère, alors que le vin arrivé à maturité risque d'être moins bon. En théorie, la vitesse de maturation légèrement plus rapide de la demi-bouteille devrait permettre, pour ainsi dire, d'entrevoir l'avenir d'un vin de longue garde. En pratique, le vin de la demi-bouteille donne rarement une idée précise de ce qui se passe dans les bouteilles plus grandes.

Les bouteilles plus grandes que le magnum ont l'utilité pratique que nous venons d'évoquer, outre qu'elles sont de toute évidence faites pour les très grandes occasions. Mais elles sont d'un maniement délicat, puisqu'il faut deux personnes pour les décanter correctement, sans parler du grand nombre de carafes.

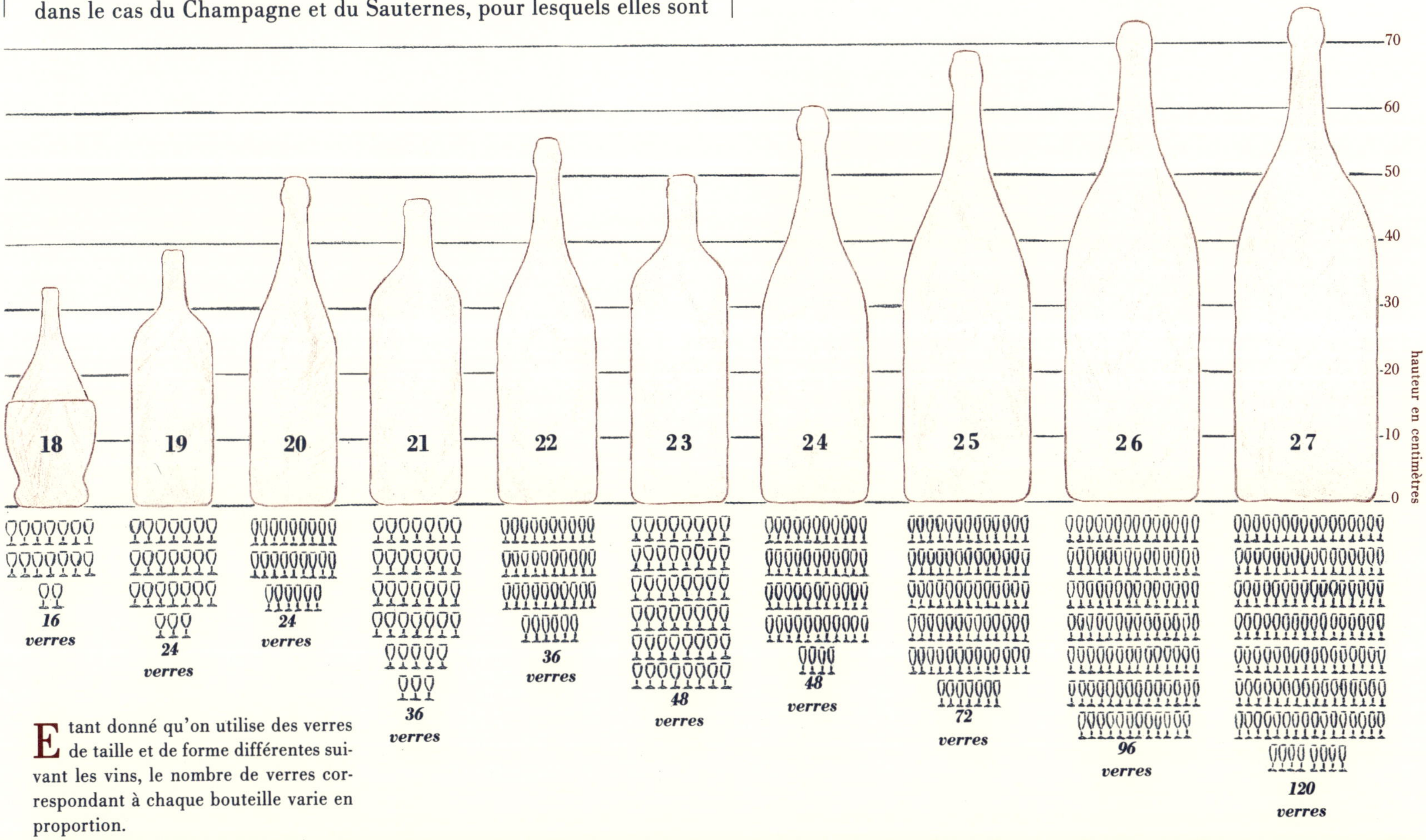

Etant donné qu'on utilise des verres de taille et de forme différentes suivant les vins, le nombre de verres correspondant à chaque bouteille varie en proportion.

TEMPERATURE

On ne saurait surestimer l'importance de la température d'un vin, si l'on veut en profiter pleinement ; mais il est difficile d'établir des principes simples qui indiqueraient ce qu'elle doit être.

Une température de conservation idéale de 10°C simplifie beaucoup le service de tous les vins à l'exception des vins rouges fins. Les vins blancs, le Champagne, les rosés, le Beaujolais et les autres vins rouges légers peuvent être en cas de besoin retirés directement du casier et débouchés sans autre préparation. Les opinions divergent quant à la température idéale pour les différents vins blancs, en particulier les vins pétillants et les liquoreux. En France on conseille traditionnellement 7°C pour le Champagne et 8-9°C pour le Sauternes.

Le temps qu'il fait (ou la température de la pièce) est également un facteur non négligeable. S'il fait très chaud, on gagne à rafraîchir le vin jusqu'à 5°C, à la fois parce que ceux qui le boivent ont besoin de fraîcheur et parce qu'il remontera rapidement jusqu'à la température idéale (et même au-delà) pendant qu'on le sert ou qu'on le laisse reposer dans le verre entre deux gorgées.

Si le vin est conservé à une température supérieure, ou si le temps est chaud, la seule façon vraiment efficace de le rafraîchir est de le plonger dans de l'eau glacée. On peut parfaitement recourir au réfrigérateur, bien entendu, mais à condition d'y penser par avance (et d'y avoir suffisamment de place parmi les aliments). Car ce que le réfrigérateur fait en une heure, le seau à glace le fait en dix minutes ou moins. Le seau doit être rempli à mi-hauteur environ d'eau et de glace, suivant la taille et le nombre de bouteilles. Le but est d'immerger la (ou les) bouteille(s), jusqu'au goulot. Une poignée de gros sel permet d'accélérer encore davantage le processus de réfrigération. On utilisera une serviette pour servir le vin qui sort d'un seau à glace (outre que le seau lui-même se couvre de gouttelettes : ne le posez pas directement sur un meuble ciré).

Il est plus difficile de trouver pour les vins rouges la température de service idéale. Les goûts varient suivant les individus, et suivant les pays. Le terme traditionnel de ''chambré'' ne veut plus rien dire dès lors que la température d'une salle à manger peut varier de 16°C à 24°C. La meilleure règle est que tous les vins rouges soient juste assez froids pour rafraîchir le palais. La température précise, qui donne cette impression tout en faisant ressortir les arômes du vin, oscille quelque part entre 13°C et 18°C. Plus le vin est étoffé, et plus la température idéale se situera vers le haut de cette fourchette. C'est ainsi qu'un Volnay léger et parfumé est délicieux à 14°C, alors qu'un Chambertin, plus lourd, révèle toutes ses senteurs et sa substance aux alentours de 17°C. Le Bordeaux rouge ordinaire est parfait à 13°C, mais un cru classé du Médoc a besoin de deux ou trois degrés de plus, faute de quoi ses superbes arômes paraissent étouffés et indistincts.

Il est un point, en général bien en dessous de 21°C, où tout vin commence à paraître capiteux et alcoolisé, et où son arôme perd toute fraîcheur et subtilité. Il ne se remettra jamais de cette situation. On peut ranimer délicatement un vin trop frais ; un vin trop chaud a été massacré.

La solution idéale est un local dont on puisse régler la température, et où l'on puisse préparer les vins rouges destinés à être bus en les y mettant debout deux ou trois jours avant de les ouvrir. On peut régler le thermostat d'une telle pièce (ou placard) entre 13°C et 18°C. Le réglage standard logique est de 16°C — un peu moins s'il fait chaud et un peu plus s'il fait froid.

A défaut d'une telle installation, l'eau tiède est aussi efficace que la froide. Il n'y a rien d'aberrant à mettre une carafe de vin rouge dans un seau d'eau à 21°C jusqu'à ce que le vin parvienne à la température requise. Vous pouvez également rincer la carafe à l'eau chaude, la laisser égoutter et refroidir, puis la faire briller jusqu'à ce que vos mains vous disent qu'elle est à même de réchauffer légèrement le vin sans l'échauder.

TEMPERATURES IDEALES POUR LE SERVICE DES VINS

Porto millésimé, bons Bordeaux rouges, rouges portugais, Barolo, très bons Cabernet et Zinfandel de Californie, Cabernet australiens.

Bourgogne rouges, bons vins rouges du Rhône, Bordeaux rouges ordinaires, Cahors, Chianti Reserva, Rioja Reserva, Pinot noir de Californie.

Très bons Bourgogne blancs, Côtes du Rhône (rouges), Xérès Cream, Madère, très bons vins doux allemands, Chianti, Barbera, Zinfandel légers, Bourgogne de Californie, blancs de Old Hunter Valley.

Beaujolais, Chinon, Porto Tawny, Amontillado, très bons vins blancs secs allemands, Valpolicella, Valdepena, très bons Chardonnay de Californie, Sauvignon blanc de Californie.

Chablis, Mâcon, Graves, Xérès, très bons Champagne, bons vins allemands, Soave, Verdicchio.

Riesling d'Alsace, Champagne non millésimés, Chenin Blanc, Chardonnay, Barossa Riesling, vins rosés.

Spätlese et Auslese, Muscadet, Vouvray, Sancerre, Pouilly, Sylvaner, Frascati, Orvieto, Riesling de Johannisberg.

Sauternes, Gewürztraminer, Muscat, Tokay, vins mousseux, Liebfraumilch, Vinho verde.

BOUCHONS, CAPSULES ET TIRE-BOUCHONS

L'histoire du bouchon et du tire-bouchon est un sujet d'étude passionnant. C'est le bouchon qui, au XVIIIe siècle, a permis de conserver en bouteille le vin destiné à mûrir. Il est curieux de songer qu'avant cette lumineuse invention personne (à l'exception, peut-être, des anciens Romains) n'avait jamais fait l'expérience du bouquet et de la saveur uniques d'un vin vieilli en bouteille.

Une fois que l'usage s'en fut imposé, le bouchon devint pratiquement l'emblème du vin lui-même, et la cérémonie de son extraction est indissociable du plaisir de boire, au point que l'on continue d'utiliser des bouchons de liège même lorsqu'un bouchon en plastique ou à vis serait bien plus adéquat, plus efficace et moins cher. Il est ridicule d'enfoncer chaque année des bouchons de liège dans quelque 150 millions de bouteilles de Beaujolais, destinés à en être arrachés quelques semaines plus tard. Un bouchon à vis ferait parfaitement l'affaire, mais toute la magie serait perdue.

"Voyez de quel odorat le bouchon tiré est flairé, étudié, accepté, à quels exercices de dégustation la première gorgée de vin est soumise ! Il est bien, il est de flagrante importance que, dans les temps où la standardisation l'emporte sur l'originalité, où le pluriel tente d'annihiler le singulier, une pratique aussi soigneusement menée affirme qu'il existe encore des maîtres du choix, de nobles serviteurs de la qualité."

Maurice Bedel.

Si tant est qu'on puisse entrevoir l'avenir, pour tout vin qui se soucie un tant soit peu de son image, le bouchon de liège restera indispensable. L'importation de chênes-lièges du Portugal et d'Espagne se poursuivra, et les esprits ingénieux continueront de concevoir et de faire breveter de nouvelles machines pour extraire les bouchons.

Les bouteilles de vins fins destinés à mûrir en bouteille sont (ou devraient être) bouchées avec des bouchons très longs et d'excellente

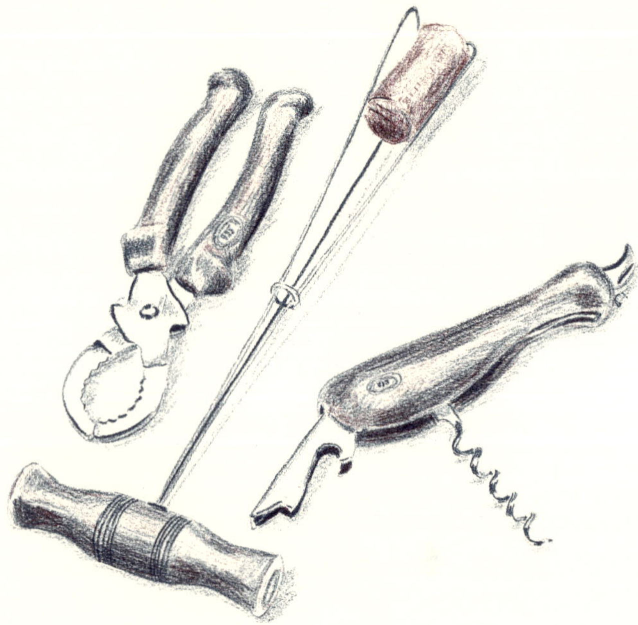

Pince pour ouvrir le Champagne, tire-bouchon dit "ami du sommelier" et pince permettant de repêcher les débris de bouchon.

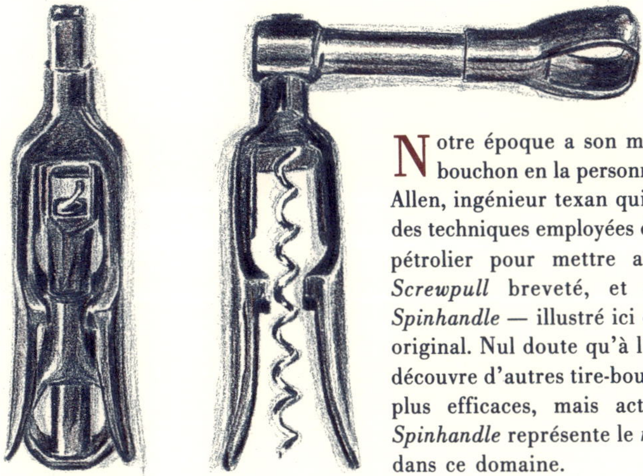

Notre époque a son maître du tire-bouchon en la personne de Herbert Allen, ingénieur texan qui s'est inspiré des techniques employées dans le forage pétrolier pour mettre au point son *Screwpull* breveté, et ensuite son *Spinhandle* — illustré ici de son dessin original. Nul doute qu'à l'avenir on ne découvre d'autres tire-bouchons encore plus efficaces, mais actuellement le *Spinhandle* représente le *nec plus ultra* dans ce domaine.

qualité, qui nécessitent une vis d'au moins 6 cm pour être percés sur toute leur hauteur. Les bouteilles de Porto vintage sont conçues avec un goulot légèrement enflé qui permet au bouchon de se dilater et de tenir encore mieux — ce qui rend les bouchons des vieux Porto, bien imbibés de vin depuis une génération, et souvent prêts à s'effriter, extrêmement difficiles à extraire en une seule pièce.

"Il y a des vins qui meurent sans tambour ni trompette quand ils sont devenus trop vieux... Leur âme s'envole dès l'ouverture de la bouteille... D'autres ne supportent pas les changements de saisons ! Ce sont des malades indignes d'une cave de qualité... Les vins blancs sont à mon avis des femmes, il faut les cueillir dans leur jeunesse, contrairement aux excellents vins rouges, qui sont des hommes, et fournissent en principe des vieillards subtils et vigoureux... Ce qui n'empêche que le beaujolais doit être bu jeune, car c'est un espiègle sympathique qui est décevant en pantalons longs !"

Fernand Point. *Ma Gastronomie,* 1969.

Pour tout vin de très longue garde, la solution idéale est de remplacer le bouchon au moment où l'on peut craindre qu'il ne devienne fragile — c'est-à-dire au bout de vingt à vingt-cinq ans environ ; puis à nouveau, s'agissant des trésors les plus précieux, après quarante-cinq ou cinquante ans. L'un des premiers crus du Médoc fait savoir que son maître de chai est disposé à se rendre dans les caves des collectionneurs (qui détiennent un stock digne de ce nom du vin en question) pour y remplacer gracieusement les vieux bouchons. Il est parfois nécessaire de compléter (par "ouillage") les bouteilles qui auraient laissé entrer trop d'air entre le bouchon et le vin, par suintement ou évaporation — auquel cas il faut sacrifier une bouteille pour remplir les autres. Il n'est pas mauvais non plus de procéder alors à l'indispensable dégustation afin de s'assurer que la bouteille est bien saine.

Il faudrait également reboucher le Porto vintage tous les vingt ans, mais en pratique on le fait rarement. Si bien que les bouchons de Porto s'effritent souvent sous le tire-bouchon. Si tel est le cas et que des fragments de bouchon tombent dans le vin, il faut le filtrer. (Les entonnoirs en argent doivent être munis d'une passoire assez fine pour recueillir les débris.) On peut également trancher le goulot de la bouteille de façon impressionnante, mais très simple, au moyen d'une pince spéciale chauffée au rouge.

DECANTATION

Tous les vins, ou presque, gagnent à être légèrement aérés avant d'être bus — en particulier tous ceux qui sont restés plusieurs années en bouteille. On peut ''ressusciter'' un vin blanc à maturité de façon étonnante en le versant dans le verre d'assez haut pour le remuer quelque peu. Et on décante généralement les vins rouges dans le même but, outre, bien entendu, l'objectif essentiel qui est de les séparer de leur dépôt. Les vins gagnent-ils à être décantés une ou plusieurs heures avant d'être servis ? C'est un sujet fort controversé. En France, on pense traditionnellement qu'une décantation précoce a pour effet de dissiper les précieux arômes du vin ; en Angleterre on estime que le temps passé en carafe l'adoucit et en arrondit les angles. Il n'y a là rien de surprenant : les Français ont en général tendance à boire leurs vins plus jeunes, et à en aimer le mordant et la vigueur ; les Britanniques apprécient la maturité, la délicatesse, et même les débuts de décadence.

Une simple expérience suffit à démontrer les effets d'une très longue aération sur un vin vigoureux. Décantez un très bon Porto vintage approchant de la maturité, disons âgé de quinze ans. Goûtez-le aussitôt : il sera d'une saveur pleine et agressive, qui saisit vos papilles gustatives et tonifie votre palais. Goûtez-le vingt-quatre heures plus tard : il sera moins à même de vous frapper, mais vous trouverez davantage de subtilité à son parfum et à sa saveur. Puis rebouchez la carafe et gardez-la une semaine, ou même deux. Vous retrouverez alors un vin apprivoisé, doux et arrondi, moins incisif, mais (pour certains) plus séduisant.

Dans une moindre mesure, tel est l'effet de la décantation sur tous les vins débouchés à leur maturité ou avant. Les vins qui commencent à se fatiguer avec l'âge supportent moins d'être aérés. Certains vieux Bourgogne, en particulier, n'ont jamais une senteur aussi douce et aérienne qu'aussitôt ouverts : il serait dommage de les laisser s'échapper en retardant le moment de la dégustation. C'est pour eux que fut inventée la machine à décanter : un instrument qui permet d'incliner la bouteille si progressivement et régulièrement qu'on peut remplir les verres les uns après les autres sans agiter le dépôt, et sans utiliser de carafe.

Il y a deux façons de préparer un vin rouge qui a du dépôt à être décanté. Si l'on est assez prévoyant, on peut le retirer de son casier

Carafes anciennes, dont un magnum et une carafe en cristal taillé.

Une fois décanté, le vin devient anonyme, sauf pour celui qui s'est chargé de la décantation : source inépuisable de devinettes ou de plaisanteries. Les étiquettes pour carafes, en général en argent, parfois en émail, ou même en or, semblent avoir été inventées en Angleterre au XVIIIe siècle. Plus récemment, on a imaginé un système plus simple : une chaîne en argent munie à chaque extrémité d'une épingle sur laquelle on empale le bouchon.

et le laisser debout suffisamment longtemps pour que le dépôt retombe au fond. Dans certains vins, celui-ci est si fin que cela peut demander deux ou trois jours. Faute d'avoir ainsi préparé la bouteille, il faut la retirer de son casier et la mettre directement dans un panier qui la tienne légèrement inclinée, juste assez pour qu'on puisse en extraire le bouchon. Il est indispensable d'utiliser pour ce faire un tire-bouchon exerçant une contre-pression : le *Screwpull* est idéal. On soulève alors la bouteille (avec ou sans le panier) pour la déverser dans une carafe d'un seul geste continu. On utilise une lampe ou une bougie pour éclairer la bouteille, afin de voir arriver le dépôt dans le goulot et s'arrêter de verser à temps. Les bouteilles de Porto sont très foncées (et souvent sales), et seule une lampe puissante peut donc les traverser.

La machine à décanter laisse la bouteille horizontale et permet de verser le vin dans une carafe ou directement dans les verres sans agiter le dépôt. Elle est particulièrement utile pour les vins dont le dépôt est très fin, tels que les vieux Bourgogne.

En aucun cas il ne faut se servir du panier pour verser le vin directement dans les verres, comme le font certains restaurants. A chaque fois que l'on incline la bouteille, on mélange le dépôt au vin. Les paniers n'ont qu'une seule fonction : aider à la décantation.

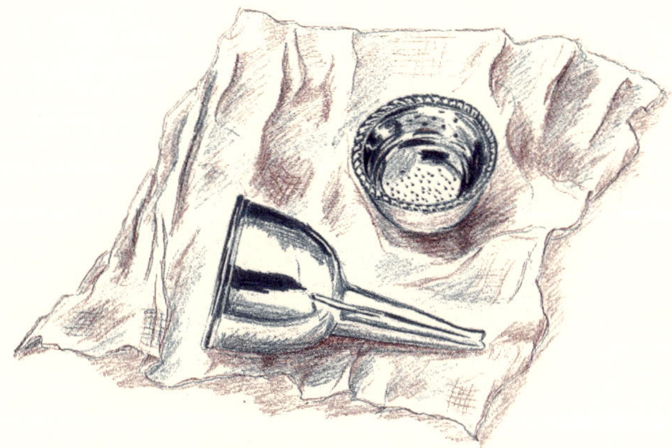

Si on verse directement le vin de la bouteille dans la carafe, il faut incliner légèrement celle-ci vers la bouteille. Ou alors utiliser un entonnoir pour canaliser l'écoulement du vin. L'entonnoir classique est en argent, muni en haut d'un filtre, en argent lui aussi, assez fin pour pouvoir recueillir d'éventuels fragments de bouchon. L'extrémité inférieure est coudée pour diriger le filet de vin contre la paroi de la carafe et lui éviter de tomber directement au fond. On utilise également des entonnoirs droits en verre.

Il ne faut recourir à un système de filtrage plus fin que si, par malheur, le dépôt n'est pas retombé au fond. Ce filtre est alors traditionnellement en mousseline. La plupart des entonnoirs en argent peuvent recevoir un morceau de mousseline entre les parties extérieure et intérieure. En dernier ressort, on peut employer un filtre à café en papier, avec un entonnoir en verre (ou même en plastique). On en élimine (pratiquement) le vague goût de papier en y versant d'abord de l'eau bouillante.

"La vigne produit trois grappes, la première de plaisir, la seconde d'ivrognerie, la troisième de tristesse et de pleur."

Olivier de Serres (1539-1619).

I

NOTES DE CAVE

Pour les Vins Achetés par Six, Douze Bouteilles ou Davantage

VIN	DATE	NOMBRE UTILISE	NOMBRE RESTANT	OCCASION/INVITES
NOM				
MILLESIME				
ELEVEUR/PRODUCTEUR/NEGOCIANT				
FOURNISSEUR				
QUANTITE ACHETEE — TAILLE				
PRIX				
DATE DE COMMANDE — DATE DE LIVRAISON				
COMPLEMENTS				
EMPLACEMENT				
COMMENTAIRES CRITIQUES				

MENU ET AUTRES VINS	NOTES ET COMMENTAIRES	REF.

VIN

NOM

MILLESIME

ELEVEUR/PRODUCTEUR/NEGOCIANT

FOURNISSEUR

QUANTITE ACHETEE | TAILLE

PRIX

DATE DE COMMANDE | DATE DE LIVRAISON

COMPLEMENTS

EMPLACEMENT

COMMENTAIRES CRITIQUES

DATE	NOMBRE UTILISE	NOMBRE RESTANT	OCCASION/INVITES

MENU ET AUTRES VINS	NOTES ET COMMENTAIRES	REF.

VIN	DATE	NOMBRE UTILISE	NOMBRE RESTANT	OCCASION/INVITES
NOM				
MILLESIME				
ELEVEUR/PRODUCTEUR/NEGOCIANT				
FOURNISSEUR				
QUANTITE ACHETEE / TAILLE				
PRIX				
DATE DE COMMANDE / DATE DE LIVRAISON				
COMPLEMENTS				
EMPLACEMENT				
COMMENTAIRES CRITIQUES				

MENU ET AUTRES VINS

NOTES ET COMMENTAIRES

REF.

VIN	DATE	NOMBRE UTILISE	NOMBRE RESTANT	OCCASION/INVITES
NOM				
MILLESIME				
ELEVEUR/PRODUCTEUR/NEGOCIANT				
FOURNISSEUR				
QUANTITE ACHETEE — TAILLE				
PRIX				
DATE DE COMMANDE — DATE DE LIVRAISON				
COMPLEMENTS				
EMPLACEMENT				
COMMENTAIRES CRITIQUES				

MENU ET AUTRES VINS	NOTES ET COMMENTAIRES	REF.

VIN	DATE	NOMBRE UTILISE	NOMBRE RESTANT	OCCASION/INVITES
NOM				
MILLESIME				
ELEVEUR/PRODUCTEUR/NEGOCIANT				
FOURNISSEUR				
QUANTITE ACHETEE TAILLE				
PRIX				
DATE DE COMMANDE DATE DE LIVRAISON				
COMPLEMENTS				
EMPLACEMENT				
COMMENTAIRES CRITIQUES				

MENU ET AUTRES VINS

NOTES ET COMMENTAIRES

REF.

VIN	DATE	NOMBRE UTILISE	NOMBRE RESTANT	OCCASION/INVITES
NOM				
MILLESIME				
ELEVEUR/PRODUCTEUR/NEGOCIANT				
FOURNISSEUR				
QUANTITE ACHETEE — TAILLE				
PRIX				
DATE DE COMMANDE — DATE DE LIVRAISON				
COMPLEMENTS				
EMPLACEMENT				
COMMENTAIRES CRITIQUES				

MENU ET AUTRES VINS

NOTES ET COMMENTAIRES

REF.

VIN	DATE	NOMBRE UTILISE	NOMBRE RESTANT	OCCASION/INVITES
NOM				
MILLESIME				
ELEVEUR/PRODUCTEUR/NEGOCIANT				
FOURNISSEUR				
QUANTITE ACHETEE / TAILLE				
PRIX				
DATE DE COMMANDE / DATE DE LIVRAISON				
COMPLEMENTS				
EMPLACEMENT				
COMMENTAIRES CRITIQUES				

MENU ET AUTRES VINS

NOTES ET COMMENTAIRES

REF.

VIN

NOM

MILLESIME

ELEVEUR/PRODUCTEUR/NEGOCIANT

FOURNISSEUR

QUANTITE ACHETEE | TAILLE

PRIX

DATE DE COMMANDE | DATE DE LIVRAISON

COMPLEMENTS

EMPLACEMENT

COMMENTAIRES CRITIQUES

DATE	NOMBRE UTILISE	NOMBRE RESTANT	OCCASION/INVITES

MENU ET AUTRES VINS

NOTES ET COMMENTAIRES

REF.

VIN	DATE	NOMBRE UTILISE	NOMBRE RESTANT	OCCASION/INVITES
NOM				
MILLESIME				
ELEVEUR/PRODUCTEUR/NEGOCIANT				
FOURNISSEUR				
QUANTITE ACHETEE / TAILLE				
PRIX				
DATE DE COMMANDE / DATE DE LIVRAISON				
COMPLEMENTS				
EMPLACEMENT				
COMMENTAIRES CRITIQUES				

REGION

MENU ET AUTRES VINS

NOTES ET COMMENTAIRES

REF.

VIN	DATE	NOMBRE UTILISE	NOMBRE RESTANT	OCCASION/INVITES
NOM				
MILLESIME				
ELEVEUR/PRODUCTEUR/NEGOCIANT				
FOURNISSEUR				
QUANTITE ACHETEE — TAILLE				
PRIX				
DATE DE COMMANDE — DATE DE LIVRAISON				
COMPLEMENTS				
EMPLACEMENT				
COMMENTAIRES CRITIQUES				

MENU ET AUTRES VINS

NOTES ET COMMENTAIRES

REF.

VIN	DATE	NOMBRE UTILISE	NOMBRE RESTANT	OCCASION/INVITES
NOM				
MILLESIME				
ELEVEUR/PRODUCTEUR/NEGOCIANT				
FOURNISSEUR				
QUANTITE ACHETEE / TAILLE				
PRIX				
DATE DE COMMANDE / DATE DE LIVRAISON				
COMPLEMENTS				
EMPLACEMENT				
COMMENTAIRES CRITIQUES				

MENU ET AUTRES VINS

NOTES ET COMMENTAIRES

REF.

VIN	DATE	NOMBRE UTILISE	NOMBRE RESTANT	OCCASION/INVITES
NOM				
MILLESIME				
ELEVEUR/PRODUCTEUR/NEGOCIANT				
FOURNISSEUR				
QUANTITE ACHETEE — TAILLE				
PRIX				
DATE DE COMMANDE — DATE DE LIVRAISON				
COMPLEMENTS				
EMPLACEMENT				
COMMENTAIRES CRITIQUES				

MENU ET AUTRES VINS

NOTES ET COMMENTAIRES

REF.

VIN	DATE	NOMBRE UTILISE	NOMBRE RESTANT	OCCASION/INVITES
NOM				
MILLESIME				
ELEVEUR/PRODUCTEUR/NEGOCIANT				
FOURNISSEUR				
QUANTITE ACHETEE / TAILLE				
PRIX				
DATE DE COMMANDE / DATE DE LIVRAISON				
COMPLEMENTS				
EMPLACEMENT				
COMMENTAIRES CRITIQUES				

MENU ET AUTRES VINS

NOTES ET COMMENTAIRES

REF.

VIN	DATE	NOMBRE UTILISE	NOMBRE RESTANT	OCCASION/INVITES
NOM				
MILLESIME				
ELEVEUR/PRODUCTEUR/NEGOCIANT				
FOURNISSEUR				
QUANTITE ACHETEE — TAILLE				
PRIX				
DATE DE COMMANDE — DATE DE LIVRAISON				
COMPLEMENTS				
EMPLACEMENT				
COMMENTAIRES CRITIQUES				

MENU ET AUTRES VINS

NOTES ET COMMENTAIRES

REF.

VIN	DATE	NOMBRE UTILISE	NOMBRE RESTANT	OCCASION/INVITES
NOM				
MILLESIME				
ELEVEUR/PRODUCTEUR/NEGOCIANT				
FOURNISSEUR				
QUANTITE ACHETEE — TAILLE				
PRIX				
DATE DE COMMANDE — DATE DE LIVRAISON				
COMPLEMENTS				
EMPLACEMENT				
COMMENTAIRES CRITIQUES				

MENU ET AUTRES VINS	NOTES ET COMMENTAIRES	REF.

VIN		DATE	NOMBRE UTILISE	NOMBRE RESTANT	OCCASION/INVITES
NOM					
MILLESIME					
ELEVEUR/PRODUCTEUR/NEGOCIANT					
FOURNISSEUR					
QUANTITE ACHETEE	TAILLE				
PRIX					
DATE DE COMMANDE	DATE DE LIVRAISON				
COMPLEMENTS					
EMPLACEMENT					
COMMENTAIRES CRITIQUES					

MENU ET AUTRES VINS

NOTES ET COMMENTAIRES

REF.

VIN	DATE	NOMBRE UTILISE	NOMBRE RESTANT	OCCASION/INVITES
NOM				
MILLESIME				
ELEVEUR/PRODUCTEUR/NEGOCIANT				
FOURNISSEUR				
QUANTITE ACHETEE — TAILLE				
PRIX				
DATE DE COMMANDE — DATE DE LIVRAISON				
COMPLEMENTS				
EMPLACEMENT				
COMMENTAIRES CRITIQUES				

MENU ET AUTRES VINS	NOTES ET COMMENTAIRES	REF.

VIN	DATE	NOMBRE UTILISE	NOMBRE RESTANT	OCCASION/INVITES
NOM				
MILLESIME				
ELEVEUR/PRODUCTEUR/NEGOCIANT				
FOURNISSEUR				
QUANTITE ACHETEE / TAILLE				
PRIX				
DATE DE COMMANDE / DATE DE LIVRAISON				
COMPLEMENTS				
EMPLACEMENT				
COMMENTAIRES CRITIQUES				

MENU ET AUTRES VINS

NOTES ET COMMENTAIRES

REF.

VIN	DATE	NOMBRE UTILISE	NOMBRE RESTANT	OCCASION/INVITES
NOM				
MILLESIME				
ELEVEUR/PRODUCTEUR/NEGOCIANT				
FOURNISSEUR				
QUANTITE ACHETEE / TAILLE				
PRIX				
DATE DE COMMANDE / DATE DE LIVRAISON				
COMPLEMENTS				
EMPLACEMENT				
COMMENTAIRES CRITIQUES				

MENU ET AUTRES VINS	NOTES ET COMMENTAIRES	REF.

VIN	DATE	NOMBRE UTILISE	NOMBRE RESTANT	OCCASION/INVITES
NOM				
MILLESIME				
ELEVEUR/PRODUCTEUR/NEGOCIANT				
FOURNISSEUR				
QUANTITE ACHETEE — TAILLE				
PRIX				
DATE DE COMMANDE — DATE DE LIVRAISON				
COMPLEMENTS				
EMPLACEMENT				
COMMENTAIRES CRITIQUES				

MENU ET AUTRES VINS

NOTES ET COMMENTAIRES

REF.

VIN	DATE	NOMBRE UTILISE	NOMBRE RESTANT	OCCASION/INVITES
NOM				
MILLESIME				
ELEVEUR/PRODUCTEUR/NEGOCIANT				
FOURNISSEUR				
QUANTITE ACHETEE / TAILLE				
PRIX				
DATE DE COMMANDE / DATE DE LIVRAISON				
COMPLEMENTS				
EMPLACEMENT				
COMMENTAIRES CRITIQUES				

MENU ET AUTRES VINS

NOTES ET COMMENTAIRES

REF.

VIN	DATE	NOMBRE UTILISE	NOMBRE RESTANT	OCCASION/INVITES
NOM				
MILLESIME				
ELEVEUR/PRODUCTEUR/NEGOCIANT				
FOURNISSEUR				
QUANTITE ACHETEE — TAILLE				
PRIX				
DATE DE COMMANDE — DATE DE LIVRAISON				
COMPLEMENTS				
EMPLACEMENT				
COMMENTAIRES CRITIQUES				

MENU ET AUTRES VINS

NOTES ET COMMENTAIRES

REF.

VIN	DATE	NOMBRE UTILISE	NOMBRE RESTANT	OCCASION/INVITES
NOM				
MILLESIME				
ELEVEUR/PRODUCTEUR/NEGOCIANT				
FOURNISSEUR				
QUANTITE ACHETEE / TAILLE				
PRIX				
DATE DE COMMANDE / DATE DE LIVRAISON				
COMPLEMENTS				
EMPLACEMENT				
COMMENTAIRES CRITIQUES				

MENU ET AUTRES VINS

NOTES ET COMMENTAIRES

REF.

VIN	DATE	NOMBRE UTILISE	NOMBRE RESTANT	OCCASION/INVITES
NOM				
MILLESIME				
ELEVEUR/PRODUCTEUR/NEGOCIANT				
FOURNISSEUR				
QUANTITE ACHETEE / TAILLE				
PRIX				
DATE DE COMMANDE / DATE DE LIVRAISON				
COMPLEMENTS				
EMPLACEMENT				
COMMENTAIRES CRITIQUES				

MENU ET AUTRES VINS

NOTES ET COMMENTAIRES

REF.

VIN	DATE	NOMBRE UTILISE	NOMBRE RESTANT	OCCASION/INVITES
NOM				
MILLESIME				
ELEVEUR/PRODUCTEUR/NEGOCIANT				
FOURNISSEUR				
QUANTITE ACHETEE / TAILLE				
PRIX				
DATE DE COMMANDE / DATE DE LIVRAISON				
COMPLEMENTS				
EMPLACEMENT				
COMMENTAIRES CRITIQUES				

MENU ET AUTRES VINS	NOTES ET COMMENTAIRES	REF.

VIN	DATE	NOMBRE UTILISE	NOMBRE RESTANT	OCCASION/INVITES
NOM				
MILLESIME				
ELEVEUR/PRODUCTEUR/NEGOCIANT				
FOURNISSEUR				
QUANTITE ACHETEE / TAILLE				
PRIX				
DATE DE COMMANDE / DATE DE LIVRAISON				
COMPLEMENTS				
EMPLACEMENT				
COMMENTAIRES CRITIQUES				

82

REGION

MENU ET AUTRES VINS

NOTES ET COMMENTAIRES

REF.

VIN	DATE	NOMBRE UTILISE	NOMBRE RESTANT	OCCASION/INVITES
NOM				
MILLESIME				
ELEVEUR/PRODUCTEUR/NEGOCIANT				
FOURNISSEUR				
QUANTITE ACHETEE — TAILLE				
PRIX				
DATE DE COMMANDE — DATE DE LIVRAISON				
COMPLEMENTS				
EMPLACEMENT				
COMMENTAIRES CRITIQUES				

MENU ET AUTRES VINS	NOTES ET COMMENTAIRES	REF.

VIN	DATE	NOMBRE UTILISE	NOMBRE RESTANT	OCCASION/INVITES
NOM				
MILLESIME				
ELEVEUR/PRODUCTEUR/NEGOCIANT				
FOURNISSEUR				
QUANTITE ACHETEE / TAILLE				
PRIX				
DATE DE COMMANDE / DATE DE LIVRAISON				
COMPLEMENTS				
EMPLACEMENT				
COMMENTAIRES CRITIQUES				

MENU ET AUTRES VINS

NOTES ET COMMENTAIRES

REF.

VIN	DATE	NOMBRE UTILISE	NOMBRE RESTANT	OCCASION/INVITES
NOM				
MILLESIME				
ELEVEUR/PRODUCTEUR/NEGOCIANT				
FOURNISSEUR				
QUANTITE ACHETEE — TAILLE				
PRIX				
DATE DE COMMANDE — DATE DE LIVRAISON				
COMPLEMENTS				
EMPLACEMENT				
COMMENTAIRES CRITIQUES				

MENU ET AUTRES VINS

NOTES ET COMMENTAIRES

REF.

VIN	DATE	NOMBRE UTILISE	NOMBRE RESTANT	OCCASION/INVITES
NOM				
MILLESIME				
ELEVEUR/PRODUCTEUR/NEGOCIANT				
FOURNISSEUR				
QUANTITE ACHETEE / TAILLE				
PRIX				
DATE DE COMMANDE / DATE DE LIVRAISON				
COMPLEMENTS				
EMPLACEMENT				
COMMENTAIRES CRITIQUES				

MENU ET AUTRES VINS

NOTES ET COMMENTAIRES

REF.

VIN	DATE	NOMBRE UTILISE	NOMBRE RESTANT	OCCASION/INVITES
NOM				
MILLESIME				
ELEVEUR/PRODUCTEUR/NEGOCIANT				
FOURNISSEUR				
QUANTITE ACHETEE · TAILLE				
PRIX				
DATE DE COMMANDE · DATE DE LIVRAISON				
COMPLEMENTS				
EMPLACEMENT				
COMMENTAIRES CRITIQUES				

MENU ET AUTRES VINS

NOTES ET COMMENTAIRES

REF.

VIN	DATE	NOMBRE UTILISE	NOMBRE RESTANT	OCCASION/INVITES
NOM				
MILLESIME				
ELEVEUR/PRODUCTEUR/NEGOCIANT				
FOURNISSEUR				
QUANTITE ACHETEE — TAILLE				
PRIX				
DATE DE COMMANDE — DATE DE LIVRAISON				
COMPLEMENTS				
EMPLACEMENT				
COMMENTAIRES CRITIQUES				

MENU ET AUTRES VINS

NOTES ET COMMENTAIRES

REF.

VIN	DATE	NOMBRE UTILISE	NOMBRE RESTANT	OCCASION/INVITES
NOM				
MILLESIME				
ELEVEUR/PRODUCTEUR/NEGOCIANT				
FOURNISSEUR				
QUANTITE ACHETEE — TAILLE				
PRIX				
DATE DE COMMANDE — DATE DE LIVRAISON				
COMPLEMENTS				
EMPLACEMENT				
COMMENTAIRES CRITIQUES				

REGION

MENU ET AUTRES VINS

NOTES ET COMMENTAIRES

REF.

VIN	DATE	NOMBRE UTILISE	NOMBRE RESTANT	OCCASION/INVITES
NOM				
MILLESIME				
ELEVEUR/PRODUCTEUR/NEGOCIANT				
FOURNISSEUR				
QUANTITE ACHETEE · TAILLE				
PRIX				
DATE DE COMMANDE · DATE DE LIVRAISON				
COMPLEMENTS				
EMPLACEMENT				
COMMENTAIRES CRITIQUES				

MENU ET AUTRES VINS

NOTES ET COMMENTAIRES

REF.

VIN

NOM

MILLESIME

ELEVEUR/PRODUCTEUR/NEGOCIANT

FOURNISSEUR

QUANTITE ACHETEE — TAILLE

PRIX

DATE DE COMMANDE — DATE DE LIVRAISON

COMPLEMENTS

EMPLACEMENT

COMMENTAIRES CRITIQUES

DATE	NOMBRE UTILISE	NOMBRE RESTANT	OCCASION/INVITES

MENU ET AUTRES VINS	NOTES ET COMMENTAIRES	REF.

VIN	DATE	NOMBRE UTILISE	NOMBRE RESTANT	OCCASION/INVITES
NOM				
MILLESIME				
ELEVEUR/PRODUCTEUR/NEGOCIANT				
FOURNISSEUR				
QUANTITE ACHETEE — TAILLE				
PRIX				
DATE DE COMMANDE — DATE DE LIVRAISON				
COMPLEMENTS				
EMPLACEMENT				
COMMENTAIRES CRITIQUES				

MENU ET AUTRES VINS

NOTES ET COMMENTAIRES

REF.

VIN	DATE	NOMBRE UTILISE	NOMBRE RESTANT	OCCASION/INVITES
NOM				
MILLESIME				
ELEVEUR/PRODUCTEUR/NEGOCIANT				
FOURNISSEUR				
QUANTITE ACHETEE — TAILLE				
PRIX				
DATE DE COMMANDE — DATE DE LIVRAISON				
COMPLEMENTS				
EMPLACEMENT				
COMMENTAIRES CRITIQUES				

MENU ET AUTRES VINS

NOTES ET COMMENTAIRES

REF.

VIN	DATE	NOMBRE UTILISE	NOMBRE RESTANT	OCCASION/INVITES
NOM				
MILLESIME				
ELEVEUR/PRODUCTEUR/NEGOCIANT				
FOURNISSEUR				
QUANTITE ACHETEE — TAILLE				
PRIX				
DATE DE COMMANDE — DATE DE LIVRAISON				
COMPLEMENTS				
EMPLACEMENT				
COMMENTAIRES CRITIQUES				

MENU ET AUTRES VINS

NOTES ET COMMENTAIRES

REF.

VIN	DATE	NOMBRE UTILISE	NOMBRE RESTANT	OCCASION/INVITES
NOM				
MILLESIME				
ELEVEUR/PRODUCTEUR/NEGOCIANT				
FOURNISSEUR				
QUANTITE ACHETEE / TAILLE				
PRIX				
DATE DE COMMANDE / DATE DE LIVRAISON				
COMPLEMENTS				
EMPLACEMENT				
COMMENTAIRES CRITIQUES				

MENU ET AUTRES VINS

NOTES ET COMMENTAIRES

REF.

VIN	DATE	NOMBRE UTILISE	NOMBRE RESTANT	OCCASION/INVITES
NOM				
MILLESIME				
ELEVEUR/PRODUCTEUR/NEGOCIANT				
FOURNISSEUR				
QUANTITE ACHETEE — TAILLE				
PRIX				
DATE DE COMMANDE — DATE DE LIVRAISON				
COMPLEMENTS				
EMPLACEMENT				
COMMENTAIRES CRITIQUES				

MENU ET AUTRES VINS

NOTES ET COMMENTAIRES

REF.

VIN	DATE	NOMBRE UTILISE	NOMBRE RESTANT	OCCASION/INVITES
NOM				
MILLESIME				
ELEVEUR/PRODUCTEUR/NEGOCIANT				
FOURNISSEUR				
QUANTITE ACHETEE — TAILLE				
PRIX				
DATE DE COMMANDE — DATE DE LIVRAISON				
COMPLEMENTS				
EMPLACEMENT				
COMMENTAIRES CRITIQUES				

REGION

MENU ET AUTRES VINS

NOTES ET COMMENTAIRES

REF.

VIN	DATE	NOMBRE UTILISE	NOMBRE RESTANT	OCCASION/INVITES
NOM				
MILLESIME				
ELEVEUR/PRODUCTEUR/NEGOCIANT				
FOURNISSEUR				
QUANTITE ACHETEE — TAILLE				
PRIX				
DATE DE COMMANDE — DATE DE LIVRAISON				
COMPLEMENTS				
EMPLACEMENT				
COMMENTAIRES CRITIQUES				

REGION

MENU ET AUTRES VINS

NOTES ET COMMENTAIRES

REF.

VIN	DATE	NOMBRE UTILISE	NOMBRE RESTANT	OCCASION/INVITES
NOM				
MILLESIME				
ELEVEUR/PRODUCTEUR/NEGOCIANT				
FOURNISSEUR				
QUANTITE ACHETEE — TAILLE				
PRIX				
DATE DE COMMANDE — DATE DE LIVRAISON				
COMPLEMENTS				
EMPLACEMENT				
COMMENTAIRES CRITIQUES				

MENU ET AUTRES VINS

NOTES ET COMMENTAIRES

REF.

VIN	DATE	NOMBRE UTILISE	NOMBRE RESTANT	OCCASION/INVITES
NOM				
MILLESIME				
ELEVEUR/PRODUCTEUR/NEGOCIANT				
FOURNISSEUR				
QUANTITE ACHETEE — TAILLE				
PRIX				
DATE DE COMMANDE — DATE DE LIVRAISON				
COMPLEMENTS				
EMPLACEMENT				
COMMENTAIRES CRITIQUES				

MENU ET AUTRES VINS

NOTES ET COMMENTAIRES

REF.

VIN	DATE	NOMBRE UTILISE	NOMBRE RESTANT	OCCASION/INVITES
NOM				
MILLESIME				
ELEVEUR/PRODUCTEUR/NEGOCIANT				
FOURNISSEUR				
QUANTITE ACHETEE / TAILLE				
PRIX				
DATE DE COMMANDE / DATE DE LIVRAISON				
COMPLEMENTS				
EMPLACEMENT				
COMMENTAIRES CRITIQUES				

MENU ET AUTRES VINS

NOTES ET COMMENTAIRES

REF.

VIN	DATE	NOMBRE UTILISE	NOMBRE RESTANT	OCCASION/INVITES
NOM				
MILLESIME				
ELEVEUR/PRODUCTEUR/NEGOCIANT				
FOURNISSEUR				
QUANTITE ACHETEE / TAILLE				
PRIX				
DATE DE COMMANDE / DATE DE LIVRAISON				
COMPLEMENTS				
EMPLACEMENT				
COMMENTAIRES CRITIQUES				

REGION

MENU ET AUTRES VINS

NOTES ET COMMENTAIRES

REF.

VIN	DATE	NOMBRE UTILISE	NOMBRE RESTANT	OCCASION/INVITES
NOM				
MILLESIME				
ELEVEUR/PRODUCTEUR/NEGOCIANT				
FOURNISSEUR				
QUANTITE ACHETEE / TAILLE				
PRIX				
DATE DE COMMANDE / DATE DE LIVRAISON				
COMPLEMENTS				
EMPLACEMENT				
COMMENTAIRES CRITIQUES				

MENU ET AUTRES VINS

NOTES ET COMMENTAIRES

REF.

VIN	DATE	NOMBRE UTILISE	NOMBRE RESTANT	OCCASION/INVITES
NOM				
MILLESIME				
ELEVEUR/PRODUCTEUR/NEGOCIANT				
FOURNISSEUR				
QUANTITE ACHETEE / TAILLE				
PRIX				
DATE DE COMMANDE / DATE DE LIVRAISON				
COMPLEMENTS				
EMPLACEMENT				
COMMENTAIRES CRITIQUES				

MENU ET AUTRES VINS	NOTES ET COMMENTAIRES	REF.

VIN	DATE	NOMBRE UTILISE	NOMBRE RESTANT	OCCASION/INVITES
NOM				
MILLESIME				
ELEVEUR/PRODUCTEUR/NEGOCIANT				
FOURNISSEUR				
QUANTITE ACHETEE — TAILLE				
PRIX				
DATE DE COMMANDE — DATE DE LIVRAISON				
COMPLEMENTS				
EMPLACEMENT				
COMMENTAIRES CRITIQUES				

MENU ET AUTRES VINS

NOTES ET COMMENTAIRES

REF.

VIN	DATE	NOMBRE UTILISE	NOMBRE RESTANT	OCCASION/INVITES
NOM				
MILLESIME				
ELEVEUR/PRODUCTEUR/NEGOCIANT				
FOURNISSEUR				
QUANTITE ACHETEE TAILLE				
PRIX				
DATE DE COMMANDE DATE DE LIVRAISON				
COMPLEMENTS				
EMPLACEMENT				
COMMENTAIRES CRITIQUES				

REGION

MENU ET AUTRES VINS	NOTES ET COMMENTAIRES	REF.

VIN	DATE	NOMBRE UTILISE	NOMBRE RESTANT	OCCASION/INVITES
NOM				
MILLESIME				
ELEVEUR/PRODUCTEUR/NEGOCIANT				
FOURNISSEUR				
QUANTITE ACHETEE / TAILLE				
PRIX				
DATE DE COMMANDE / DATE DE LIVRAISON				
COMPLEMENTS				
EMPLACEMENT				
COMMENTAIRES CRITIQUES				

MENU ET AUTRES VINS

NOTES ET COMMENTAIRES

REF.

VIN	DATE	NOMBRE UTILISE	NOMBRE RESTANT	OCCASION/INVITES
NOM				
MILLESIME				
ELEVEUR/PRODUCTEUR/NEGOCIANT				
FOURNISSEUR				
QUANTITE ACHETEE / TAILLE				
PRIX				
DATE DE COMMANDE / DATE DE LIVRAISON				
COMPLEMENTS				
EMPLACEMENT				
COMMENTAIRES CRITIQUES				

REGION

MENU ET AUTRES VINS	NOTES ET COMMENTAIRES	REF.

VIN	DATE	NOMBRE UTILISE	NOMBRE RESTANT	OCCASION/INVITES
NOM				
MILLESIME				
ELEVEUR/PRODUCTEUR/NEGOCIANT				
FOURNISSEUR				
QUANTITE ACHETEE — TAILLE				
PRIX				
DATE DE COMMANDE — DATE DE LIVRAISON				
COMPLEMENTS				
EMPLACEMENT				
COMMENTAIRES CRITIQUES				

MENU ET AUTRES VINS

NOTES ET COMMENTAIRES

REF.

VIN	DATE	NOMBRE UTILISE	NOMBRE RESTANT	OCCASION/INVITES
NOM				
MILLESIME				
ELEVEUR/PRODUCTEUR/NEGOCIANT				
FOURNISSEUR				
QUANTITE ACHETEE — TAILLE				
PRIX				
DATE DE COMMANDE — DATE DE LIVRAISON				
COMPLEMENTS				
EMPLACEMENT				
COMMENTAIRES CRITIQUES				

REGION

MENU ET AUTRES VINS

NOTES ET COMMENTAIRES

REF.

VIN	DATE	NOMBRE UTILISE	NOMBRE RESTANT	OCCASION/INVITES
NOM				
MILLESIME				
ELEVEUR/PRODUCTEUR/NEGOCIANT				
FOURNISSEUR				
QUANTITE ACHETEE — TAILLE				
PRIX				
DATE DE COMMANDE — DATE DE LIVRAISON				
COMPLEMENTS				
EMPLACEMENT				
COMMENTAIRES CRITIQUES				

MENU ET AUTRES VINS

NOTES ET COMMENTAIRES

REF.

VIN

NOM

MILLESIME

ELEVEUR/PRODUCTEUR/NEGOCIANT

FOURNISSEUR

QUANTITE ACHETEE | TAILLE

PRIX

DATE DE COMMANDE | DATE DE LIVRAISON

COMPLEMENTS

EMPLACEMENT

COMMENTAIRES CRITIQUES

DATE	NOMBRE UTILISE	NOMBRE RESTANT	OCCASION/INVITES

MENU ET AUTRES VINS

NOTES ET COMMENTAIRES

REF.

VIN	DATE	NOMBRE UTILISE	NOMBRE RESTANT	OCCASION/INVITES
NOM				
MILLESIME				
ELEVEUR/PRODUCTEUR/NEGOCIANT				
FOURNISSEUR				
QUANTITE ACHETEE / TAILLE				
PRIX				
DATE DE COMMANDE / DATE DE LIVRAISON				
COMPLEMENTS				
EMPLACEMENT				
COMMENTAIRES CRITIQUES				

REGION

MENU ET AUTRES VINS

NOTES ET COMMENTAIRES

REF.

VIN	DATE	NOMBRE UTILISE	NOMBRE RESTANT	OCCASION/INVITES
NOM				
MILLESIME				
ELEVEUR/PRODUCTEUR/NEGOCIANT				
FOURNISSEUR				
QUANTITE ACHETEE — TAILLE				
PRIX				
DATE DE COMMANDE — DATE DE LIVRAISON				
COMPLEMENTS				
EMPLACEMENT				
COMMENTAIRES CRITIQUES				

REGION

MENU ET AUTRES VINS

NOTES ET COMMENTAIRES

REF.

"Un homme sobre boit du vin ce qu'un homme sage prend de l'amour : de quoi connaître l'extase et non l'ivresse."

Alfred de Musset.

II
NOTES DE CAVE

Pour les Bouteilles Uniques ou en Petites Quantités

REÇU				OUVERT	
VIN, MILLESIME, ORIGINE	EMPLACEMENT	PRIX	DATE	DATE	REMARQUES

REÇU				OUVERT	
VIN, MILLESIME, ORIGINE	EMPLACEMENT	PRIX	DATE	DATE	REMARQUES

REÇU				OUVERT	
VIN, MILLESIME, ORIGINE	EMPLACEMENT	PRIX	DATE	DATE	REMARQUES

REÇU				OUVERT	
VIN, MILLESIME, ORIGINE	EMPLACEMENT	PRIX	DATE	DATE	REMARQUES

RECU				OUVERT	
VIN, MILLESIME, ORIGINE	EMPLACEMENT	PRIX	DATE	DATE	REMARQUES

REÇU				OUVERT	
VIN, MILLESIME, ORIGINE	EMPLACEMENT	PRIX	DATE	DATE	REMARQUES

REÇU				OUVERT	
VIN, MILLESIME, ORIGINE	EMPLACEMENT	PRIX	DATE	DATE	REMARQUES

REÇU				OUVERT	
VIN, MILLESIME, ORIGINE	EMPLACEMENT	PRIX	DATE	DATE	REMARQUES

REÇU				OUVERT	
VIN, MILLESIME, ORIGINE	EMPLACEMENT	PRIX	DATE	DATE	REMARQUES

REÇU				OUVERT	
VIN, MILLESIME, ORIGINE	EMPLACEMENT	PRIX	DATE	DATE	REMARQUES

REÇU				OUVERT	
VIN, MILLESIME, ORIGINE	EMPLACEMENT	PRIX	DATE	DATE	REMARQUES

160

REÇU				OUVERT	
VIN, MILLESIME, ORIGINE	EMPLACEMENT	PRIX	DATE	DATE	REMARQUES

REÇU				OUVERT	
VIN, MILLESIME, ORIGINE	EMPLACEMENT	PRIX	DATE	DATE	REMARQUES

REÇU				OUVERT	
VIN, MILLESIME, ORIGINE	EMPLACEMENT	PRIX	DATE	DATE	REMARQUES

REÇU				OUVERT	
VIN, MILLESIME, ORIGINE	EMPLACEMENT	PRIX	DATE	DATE	REMARQUES

164

REÇU				OUVERT	
VIN, MILLESIME, ORIGINE	EMPLACEMENT	PRIX	DATE	DATE	REMARQUES

REÇU				OUVERT	
VIN, MILLESIME, ORIGINE	EMPLACEMENT	PRIX	DATE	DATE	REMARQUES

REÇU				OUVERT	
VIN, MILLESIME, ORIGINE	EMPLACEMENT	PRIX	DATE	DATE	REMARQUES

REÇU				OUVERT	
VIN, MILLESIME, ORIGINE	EMPLACEMENT	PRIX	DATE	DATE	REMARQUES

REÇU				OUVERT	
VIN, MILLESIME, ORIGINE	EMPLACEMENT	PRIX	DATE	DATE	REMARQUES

REÇU				OUVERT	
VIN, MILLESIME, ORIGINE	EMPLACEMENT	PRIX	DATE	DATE	REMARQUES

170

REÇU				OUVERT	
VIN, MILLESIME, ORIGINE	EMPLACEMENT	PRIX	DATE	DATE	REMARQUES

REÇU				OUVERT	
VIN, MILLESIME, ORIGINE	EMPLACEMENT	PRIX	DATE	DATE	REMARQUES

REÇU				OUVERT	
VIN, MILLESIME, ORIGINE	EMPLACEMENT	PRIX	DATE	DATE	REMARQUES

REÇU				OUVERT	
VIN, MILLESIME, ORIGINE	EMPLACEMENT	PRIX	DATE	DATE	REMARQUES

REÇU				OUVERT	
VIN, MILLESIME, ORIGINE	EMPLACEMENT	PRIX	DATE	DATE	REMARQUES

"Au chevet du vin cloîtré, le temps s'endort, et peut-être que nous cessons, un moment, de vieillir ?..."

Colette. *Prisons et Paradis (En Bourgogne).*

III
REPAS MEMORABLES

DATE

INVITES

VINS

MENU

DATE

INVITES

VINS

MENU

DATE

INVITES

VINS

MENU

DATE

INVITES

VINS

MENU

DATE

INVITES

VINS

MENU

DATE

INVITES

VINS

MENU

DATE

INVITES

VINS

MENU

DATE

INVITES

VINS

MENU

DATE

INVITES

VINS

MENU

DATE

INVITES

VINS

MENU

DATE

INVITES

VINS

MENU

DATE

INVITES

VINS

MENU

DATE

INVITES

VINS

MENU

DATE

INVITES

VINS

MENU

DATE

INVITES

VINS

MENU

DATE

INVITES

VINS

MENU

DATE

INVITES

VINS

MENU

DATE

INVITES

VINS

MENU

DATE

INVITES

VINS

MENU

DATE

INVITES

VINS

MENU

DATE

INVITES

VINS

MENU

DATE

INVITES

VINS

MENU

DATE

INVITES

VINS

MENU

DATE

INVITES

VINS

MENU

DATE

INVITES

VINS

MENU

DATE

INVITES

VINS

MENU

DATE

INVITES

VINS

MENU

TABLEAU DES MILLESIMES

Les renseignements qui suivent sur les millésimes concernent chaque millésime et région ou type de vin qui a des chances d'être encore en circulation (soit dans le commerce, soit dans une cave de particulier) et qui est encore bon, du moins intéressant à boire, en remontant jusqu'en 1945.
De 1945 à 1970 les notes sont classées par millésime. Pour certaines années, il y a peu de chose à dire : les vins, quelconques au moment de leur production, sont de peu d'intérêt maintenant. A partir de 1971 les notes adoptent un format différent qui permet de faire figurer des renseignements plus détaillés sur les vins actuellement disponibles.

1945

Bordeaux rouges
L'un des plus grands millésimes, toutes régions confondues. Une récolte très faible, associée à une vague de chaleur, a donné des vins extrêmement concentrés, dont les bouteilles restantes continuent de surprendre. Mouton-Rothschild est roi. Aucun ne demande à être gardé.

Bordeaux blancs
Sauternes puissants mais merveilleusement équilibrés. Les grandes bouteilles sont encore étonnantes.

Bourgogne rouges
Millésime aussi grandiose que dans le Bordelais, de même que partout en Europe. Sans doute à l'état de relique maintenant.

Vins doux de la Loire
Un millésime historique, dont certaines bouteilles survivent encore.

Champagne
Un millésime superbe, qu'il faut encore goûter pour des raisons sentimentales.

Rhône
D'éventuelles nobles reliques parmi les Hermitage et les Châteauneuf-du-Pape.

Alsace
Des vins exceptionnels. Trop vieux maintenant, mais à peine.

Allemagne
Une vendange très réduite, extrêmement concentrée, avec certains des plus grands Riesling qui aient jamais été faits.

Italie
Un grand millésime pour le Brunello di Montalcino.

Porto
Un très grand millésime, dont bon nombre de vins (Taylor, par exemple) sont encore superbes.

1946

Californie
Un célèbre Pinot noir à Beaulieu.

1947

Bordeaux rouges
Un grand millésime "généreux", mûr, célèbre surtout pour l'incroyable Château Cheval-Blanc, concurrencé par Petrus.

Bordeaux blancs
Superbes Sauternes, dont les meilleurs sont encore en très bon état (en particulier Château Climens).

Bourgogne rouges
Un excellent millésime, encore que les survivants en bonne santé soient rares.

Vins doux de la Loire
Très bons ; quelques survivants.

Champagne
Les rares bouteilles qui restent sont en train de passer, mais gardent parfois des saveurs inoubliables.

Allemagne
Bons vins, mais qui n'ont pu survivre que par miracle.

Italie
Un grand millésime pour le Barolo.

Tokay
Célèbre millésime.

Porto
Un très beau millésime maintenant sur le déclin.

Californie
D'excellents Cabernet de Napa Valley, qui sont encore bons.

1948

Bordeaux rouges
Un bon millésime, qui vaut encore la peine d'être goûté, en particulier les Médoc. Le Château Léoville-Barton fut exceptionnel.

Bourgogne rouges
Les meilleurs vins peuvent encore être superbes.

Porto
Un grand millésime, encore en bel état, en particulier Taylor et Graham.

1949

Bordeaux rouges
Un célèbre millésime, sans force excessive. De beaux vins, qui tiennent encore, en particulier Latour, Mouton, Cheval Blanc, Petrus et autres très grands Pomerol.

Bordeaux blancs
Un très bon millésime, et un meilleur pari aujourd'hui que les 47.

Bourgogne rouges
Un grand millésime, d'une harmonie parfaite, passé, mais qui vaut encore la peine d'être dégusté.

Bourgogne blancs
Très vieux maintenant, mais avec peut-être quelques belles reliques.

Champagne
Un beau millésime élégant, avec quelques survivants.

Allemagne
Un superbe millésime, en particulier pour les vins de la Moselle, de la Sarre, de la Ruwer. N'est plus que le reflet de sa gloire d'autrefois, mais vaut la peine d'être goûté.

1950

Bordeaux rouges
Un millésime léger, mais pas mauvais, et qui aujourd'hui est presque entièrement oublié.

Porto
Une année moyenne. Quinta do Noval Nacional en était le grand vin, encore excellent.

Bordeaux blancs
Très bons Sauternes, parfaitements mûrs.

1951

Madère
Un très bon millésime.

Tokay
Un millésime célèbre.

1952

Bordeaux rouges
Une année bonne à moyenne dans le Médoc, avec des vins plutôt secs, mais excellents à Saint-Emilion et à Pomerol. Vins tous mûrs.

Bordeaux blancs
Bons Sauternes (mais pas de Château Yquem).

Bourgogne rouges
Excellents vins de très longue garde. Les bouteilles qui restent peuvent encore être très bonnes.

Bourgogne blancs
De très bons vins, mais dont il n'y a plus rien à attendre.

Champagne
Un beau millésime à la vie très longue. Pol Roger avait d'excellents vins en 1977.

Allemagne
Vins très satisfaisants, pour autant qu'il en reste.

1953

Bordeaux rouges
Un millésime célèbre pour ses vins délicieux, bouquetés et délicats qui ont donné beaucoup de plaisir dans les années soixante et soixante-dix, mais qui sont maintenant passés, à quelques rares exceptions près.
Bordeaux blancs
Sauternes classiques, maintenant passés.
Bourgogne rouges
Millésime aussi agréable en Bourgogne que dans le Bordelais. Seuls les plus grands vins (en grandes bouteilles) ont un intérêt autre qu'académique maintenant.
Bourgogne blancs
Millésime jumeau (assez inhabituel) du Bourgogne rouge. A donné beaucoup de plaisir, mais qu'on a peu d'espoir de renouveler maintenant.
Champagne
Autant de charme que les Bordeaux et les Bourgogne, mais ce n'est plus qu'un souvenir.
Allemagne
Des vins très plaisants, dignes des Bordeaux et des Bourgogne, et qui se sont gardés étonnamment bien. Le Rheingau, le Nahe, la Sarre et la Ruwer ont produit des vins impeccables, dont les meilleurs survivent encore.

1954

Bordeaux rouges
Un millésime mineur, dont Château Latour était le meilleur.
Bourgogne rouges
Millésime mineur, mais plus réussi que le Bordeaux.
Porto
Quelques négociants ont proposé des 54, dont le Graham est sans doute le meilleur.
Madère
Quelques excellents Malmsey ont encore besoin de mûrir.

1955

Bordeaux rouges
Un très bon millésime, avec peu de vins exceptionnels mais beaucoup de très agréables. Les meilleurs devraient encore être excellents.
Bordeaux blancs
Noble millésime pour les Sauternes (en particulier Yquem, Suduiraut), mais très bon aussi pour les Graves blancs.
Bourgogne rouges
Pas aussi bon que le Bordeaux. Sans doute des reliques maintenant.
Bourgogne blancs
Très bons vins ; meilleurs que les rouges. Les plus grandes bouteilles devraient encore être bonnes.
Champagne
Un beau millésime. Les bouteilles peuvent encore être en bon état.
Vins doux de la Loire
Excellents vins, qui devraient encore être bons.
Italie
Un grand millésime pour les Brunello di Montalcino.
Espagne
Millésime célèbre pour les Rioja.
Porto
Millésime très populaire, doux et onctueux, en particulier les Graham, Croft, Sandemann. La plupart commencent maintenant à passer.

1956

Pas de bons vins.

1957

Bordeaux rouges
Millésime qui n'a jamais été en vogue ; vins plutôt durs et secs. Ne vaut guère la peine d'être goûté maintenant.
Bordeaux blancs
Très bons Sauternes, un peu desséchés maintenant.
Bourgogne rouges
Meilleur millésime qu'à Bordeaux, mais maintenant trop vieux.
Bourgogne blancs
Au moins aussi bons que les rouges, mais maintenant passés.
Allemagne
Quelques beaux vins, maintenant passés.

1958

Bordeaux rouges
Un millésime agréable, qui manquait de "poigne" pour le préserver. Mouton et Latour sont les meilleurs.
Bordeaux blancs
Moyens. Un bon Château Coutet, en tout cas.
Italie
Un grand millésime pour le Barolo.
Porto
Un millésime apprécié, bien qu'il ne soit pas "important". Demande à être bu.
Californie
De grands Cabernet à Napa, qui vieillissent bien.

1959

Bordeaux rouges
Millésime célèbre et apprécié de vins puissants, qui ne se sont pas gardés aussi bien que d'autres, de constitution plus délicate. Les Mouton, Haut-Brion, Calon-Ségur et bien d'autres sont splendides.
Bordeaux blancs
Somptueux Sauternes, dont certains sont aujourd'hui en meilleur état que les Bordeaux rouges.
Bourgogne rouges
Peut-être encore meilleurs que les Bordeaux, et les plus grands vins sont encore superbes, en particulier Romanée-Conti et La Tâche.
Bourgogne blancs
Trop riches (pas assez acides) pour se garder si longtemps.
Loire
Millésime célèbre pour les vins moelleux d'Anjou et de Touraine. Encore passionnants à déguster.
Rhône
Splendides Hermitage et Côte-Rôtie, qui peuvent encore être très bons à boire.
Champagne
Millésime lourd, qui ne vieillit pas avec grâce. Le Dom Perignon fut loué en son temps.
Allemagne
Le meilleur millésime entre 45 et 71 ; ses grands vins doux, et même certains Auslese, sont encore merveilleux, encore qu'assez âgés.
Tokay
Un millésime de premier ordre. Encore superbe.
Californie
Une année célèbre pour les Cabernet de Napa. Les Charles Krug et plusieurs autres géants se boivent encore très bien.

1960

Bordeaux rouges
Millésime léger, maintenant passé. Le Château Palmer 60 connut une certaine vogue.

Bordeaux blancs
Un millésime tout à fait mineur.

Italie
Un grand millésime pour le Barolo et le Brunello di Montalcino.

Porto
Millésime très apprécié de vins de densité moyenne, qui ont merveilleusement mûri. Aucun ne demande à être gardé plus longtemps, mais Croft, Martinez, Quinta do Noval Nacional et Taylor sont particulièrement bons.

1961

Bordeaux rouges
Une petite récolte de vins immenses, presque tous à maturité maintenant, avec une couleur et une saveur encore superbes.

Bordeaux blancs
Bons, mais sans avoir la stature des rouges. Les Châteaux Guiraud et Climens se sont distingués.

Bourgogne rouges
De bons vins, mais qui ne se comparent pas aux Bordeaux 61. La plupart sont maintenant desséchés ou passés.

Bourgogne blancs
Les quelques survivants ne sont sans doute plus très intéressants.

Champagne
Un millésime bien équilibré, fait pour vieillir. Pourrait encore être bon.

Rhône
Superbes, de Châteauneuf-du-Pape au légendaire Hermitage La Chapelle, aujourd'hui parfaits.

Tokay
Un beau millésime en bon état.

1962

Bordeaux rouges
Un bon millésime qui, sans être d'une richesse débordante, fait ressortir les particularités régionales des Bordeaux. A donné de grands plaisirs, et peut encore se révéler plaisant.

Bordeaux blancs
Les Sauternes sont bien meilleurs que les 61. On a encore de grands plaisirs à en boire certains.

Bourgogne rouges
Excellent millésime qui a produit au moins un vin légendaire : son La Tâche. Les vins bien faits et bien conservés devraient être à leur apogée.

Bourgogne blancs
Aussi classiques que les rouges en leur temps, encore qu'en l'occurrence ils se soient sans doute mieux gardés.

Rhône
Très bons, en particulier les Côte-Rôtie, mais maintenant sur le déclin.

Champagne
Très fins, équilibrés et élégants : on a de bonnes chances de trouver de beaux survivants.

Porto
Un chef-d'œuvre : Quinta do Noval Nacional.

1963

Bordeaux rouges
Un millésime médiocre, maintenant épuisé.

Bourgogne rouges
Quelques vins acceptables, mais maintenant trop vieux.

Bourgogne blancs
Quelques très bons vins.

Allemagne
Rien de particulier.

Porto
Un contraste total avec l'Europe du Nord. Un millésime resplendissant maintenant superbe à boire, mais avec des réserves de puissance et de saveur qui dureront jusqu'à la fin du siècle. Les Croft, Dow, Fonseca, Graham, Sandeman, Taylor et Warre sont tous de ce niveau.

1964

Bordeaux rouges
Un millésime notoirement inégal, en général excellent à Pomerol et à Saint-Emilion. Parmi les autres, Latour, Haut-Brion, La Mission, Beychevelle, Gruaud Larose, Grand-Puy-Ducasse sont les meilleurs. Maintenant à maturité.

Bourgogne rouges
Des vins d'une concentration, d'une profondeur et d'une maturité superbes. De bons spécimens sont encore excellents.

Bourgogne blancs
Des vins mûrs et puissants, mais sans l'équilibre qui leur garantirait une très longue vie.

Rhône
De très beaux vins rouges de longue garde, en particulier parmi les Côte-Rôtie et les Hermitage. Maintenant à maturité.

Loire
De très bons vins doux qui ont vécu longtemps.

Champagne
Un millésime classique, mais avec quelques exceptions (dont Dom Perignon). Peut encore être très plaisant.

Allemagne
Un beau millésime dans les grandes régions du Riesling. Les meilleurs vins de Moselle, Sarre, Ruwer, Rheingau et Nahe peuvent encore être agréables.

Italie
Un grand millésime pour le Barbaresco et le Brunello di Montalcino.

Espagne
Un célèbre millésime pour le Rioja.

Tokay
Une excellente année.

Californie
Un millésime qui a donné de riches et grands Cabernet de Napa.

1965

Année insignifiante, sauf pour les Cabernet de Californie, qui devraient encore être bons.

Porto
Un seul négociant a déclaré un millésime (Ferreira), maintenant à maturité.

Californie
Une autre bonne année pour les Cabernet de Napa.

1966

Bordeaux rouges
Un très beau millésime, fruité, riche en tanin, mais qui dans certains cas s'amaigrit ; à boire rapidement.

Bourgogne rouges
Excellents, ronds et vigoureux. Les meilleurs sont maintenant à maturité. Grosse récolte.

Bourgogne blancs
Vins distingués, harmonieux, de longue garde, dont les meilleurs sont encore étonnants.

Champagne
Aussi bons que les Bourgogne blancs, avec beaucoup de bouteilles encore en très bon état.

Nord du Rhône
Riches et puissants avec un bon bouquet. A boire bientôt.

Espagne
Un très médiocre millésime pour les Rioja ; à boire maintenant.

Californie
Les Cabernet de Napa de cette petite récolte sont encore excellents.

Porto
Grand millésime fruité, qui commence à bien se boire. Déclaré par 22 négociants.

1967

Bordeaux rouges
Grande récolte : les vins, qui paraissaient d'abord légers et d'évolution rapide, ont bien mûri en bouteille et gagné en corps et en intérêt. A boire bientôt.

Bordeaux blancs
Un millésime brillant, dont les meilleurs (y compris Yquem) sont maintenant d'une profondeur et d'un équilibre parfaits. De bons Graves secs également.

Bourgogne rouges
Un millésime ni bon ni mauvais. Les meilleurs vins ont de la finesse, mais sont pour la plupart trop vieux.

Bourgogne blancs
Autre bon millésime, plus sec et plus léger que le 66 mais avec des possibilités de vieillissement. Peut encore être bon.

Nord du Rhône
Etoffés et capiteux. Maintenant à maturité.

Porto
Millésime bon, mais délicat. Déclaré par 6 négociants seulement.

1968

Bordeaux rouges
Un mois d'août trop pluvieux a donné des vins effroyables. A éviter.

Bourgogne rouges
Un désastre.

Rhône
Vins rouges quelconques.

Espagne
Très bons Rioja Reserva rouges.

Californie
Millésime historique, avec plus de bons Cabernet de Napa que jamais. Excellents aujourd'hui.

1969

Bordeaux rouges
Vins maigres manquant de fruité et de couleur ; à éviter.

Bordeaux blancs
Sauternes maigres, ou passables pour certains. Maintenant un peu desséchés et pas très intéressants.

Bourgogne rouges
Un magnifique millésime, à quelques exceptions près. Petite récolte. La plupart des vins sont maintenant prêts. Ne garder que les meilleurs.

Bourgogne blancs
Excellent millésime, puissant, savoureux et bien équilibré. Petite récolte. Les meilleurs vins ont admirablement tenu et sont maintenant prêts.

Champagne
Un millésime tout de finesse et de bouquet ; des vins élégants qui révèlent maintenant leur âge, mais avec grâce.

Nord du Rhône
Excellents, riches en alcool, tanniques et épicés, en particulier les Côte-Rôtie. A boire bientôt.

1970

Bordeaux rouges
Abondance et qualité uniforme. Grands vins denses et fruités, avec élégance et souplesse. Bien que peu tanniques, ils évoluent avec beaucoup de distinction. Les meilleurs tiendront jusqu'à la fin du siècle.

Bordeaux blancs
Millésime de vins moelleux, puissants et en général équilibrés, malgré l'absence de pourriture noble. Les grands châteaux continuent à évoluer. Les autres devraient être bus.

Bourgogne rouges
Vins séduisants, tendres et fruités, mais dont peu gagnent encore à vieillir. Grande récolte.

Bourgogne blancs
Séduisants, tendres et délicats. Ont mûri rapidement. A boire.

Champagne
Une récolte plus grande, moins élégante que 69, mais qui vieillit bien. Quelques superbes Bollinger.

Nord du Rhône
Etoffés, mûrs et ronds. Maintenant à maturité.

Italie
Un millésime exceptionnel pour le Torgiano et le Brunello di Montalcino.

Espagne
Excellents Rioja Reserva.

Californie
Année de fortes gelées. Récolte considérablement réduite. Temps doux pour la maturation. Bonnes teneurs en sucre et immense acidité. Très bonne qualité, mais du Cabernet moins spectaculaire que prévu.

Porto
Temps idéal. Très beau millésime équilibré, déclaré par 21 négociants.

1971

FRANCE	
Bordeaux rouges	Petite récolte. Millésime moins fruité que 70 et moins régulier. Certains grands châteaux ont fait de très beaux vins, mais qui se sont fatigués plus vite que prévu.
Bordeaux blancs	Beaux Sauternes, parfois délicats, de saveur complexe, faits pour durer. Mûrissent admirablement.
Bourgogne rouges	Vins exceptionnels, splendides, puissants, fruités et bien équilibrés. Petite récolte. Maintenant presque tous à maturité.
Côte de Beaune blancs	Grande puissance et grande classe, presque trop riches pour certains, mais les meilleurs sont bien équilibrés. Petite récolte. A boire bientôt.
Chablis	Excellents, classiques, aussi riches que ceux de la Côte d'Or pour certains. Prêts.
Champagne	Le troisième beau millésime consécutif : joliment équilibré, plus élégant que le 70, il mûrit encore mieux. Les Krug sont superbes.
Nord du Rhône	Très bons, avec la force et la profondeur pour durer.
Sud du Rhône	Millésime mûr, savoureux, mais maintenant à maturité.
Anjou et Touraine	Bonne année en Anjou, très grande en Touraine. Vins de longue garde.
Muscadet	
Sancerre/ Pouilly fumé	
Alsace	Très grand millésime ; vaut encore la peine d'être découvert.
ALLEMAGNE	
Moselle/Sarre/Ruwer	Vins superbes, parfaitement équilibrés ; bon nombre des plus grands méritent encore de vieillir.
Rhin/Nahe/ Palatinat *(Rheinpfalz)*	Millésime exceptionnel, parfaitement équilibré. Continue de s'améliorer dans certains cas.
ITALIE	
Piémont	Un grand millésime pour le Barbaresco et le Barolo, maintenant au faîte de sa maturité.
Toscane, etc.	Noble millésime pour le Chianti Classico (ainsi que pour le Torgiano en Ombrie). Tous deux sont à maturité.
ESPAGNE	
	Millésime moyen pour les Rioja rouges, avec quelques très beaux vins blancs (Vina Tondonia par exemple).
PORTUGAL	
Porto	Problèmes de pourriture. Pas de vins millésimés.
ETATS-UNIS	
Californie	Année très médiocre pour le Cabernet, dont il ne reste plus rien.

1972

FRANCE	
Bordeaux rouges	Haute acidité du fait des raisins insuffisamment mûrs. Vins verts, sans aucun charme.
Bordeaux blancs	Millésime très médiocre.
Bourgogne rouges	Forte acidité problématique, mais les vins sont fermes et pleins de caractère. Ont bien vieilli. La plupart sont en train de passer.
Côte de Beaune blancs	Vins difficiles à faire en raison des taux élevés d'acidité, mais beaucoup de caractère. Les meilleurs sont devenus des classiques, mais commencent à se fatiguer.
Chablis	Médiocres et mordants. Certains se sont améliorés en bouteille.
Champagne	Pas de vins millésimés.
Nord du Rhône	Très bons ; maintenant prêts.
Sud du Rhône	Pas aussi grands que plus au nord ; bons, mais commencent à passer.
Anjou et Touraine	Grande acidité, mais quelques bons vins doux se sont bien gardés.
Muscadet	
Sancerre/ Pouilly fumé	
Alsace	Vins moyens en leur temps, maintenant passés depuis longtemps.
ALLEMAGNE	
Moselle/Sarre/Ruwer	Grosse récolte ; vins moyens à médiocres ; peu de vendanges tardives.
Rhin/Nahe/Palatinat *(Rheinpfalz)*	Acidité excessive ; quelques vins acceptables, mais pas passionnants. Prêts.
ITALIE	
Piémont	Année terrible.
Toscane, etc.	Année à oublier.
ESPAGNE	Millésime médiocre pour les Rioja.
PORTUGAL	
Porto	Eté chaud, vendanges humides. Les cueillettes les plus précoces ont donné les meilleurs résultats. Millésime déclaré par trois négociants seulement. A boire maintenant.
ETATS-UNIS	
Californie	Année de conditions extrêmes : printemps précoce, gelées tardives, chaleur en juillet, vendanges pluvieuses. Deuxième millésime médiocre consécutif.

1973

FRANCE	
Bordeaux rouges	Les pluies de dernière heure ont transformé la qualité en quantité. Gigantesque récolte, des vins séduisants, jeunes, mais qui manquent d'acidité et de tanin. A boire.
Bordeaux blancs	Sauternes honnêtes, sans plus. A boire.
Bourgogne rouges	La pluie a grossi la récolte. Vins légers, mais souvent fruités et délicats. Sont en train de passer.
Côte de Beaune blancs	Vins très séduisants, fruités, typiques et abondants, mais qu'il ne faut pas garder plus longtemps.
Chablis	Millésime abondant, mûr, très bon, à boire jeune.
Champagne	Un millésime "facile" en apparence, charmant et accessible, mais qui vieillit merveilleusement.
Nord du Rhône	Séduisants, mais pas à garder.
Sud du Rhône	Bons, mais maintenant à maturité.
Anjou et Touraine	Un mois d'octobre parfait a donné de beaux vins mûrs, maintenant prêts.
Muscadet	
Sancerre/ Pouilly fumé	
Alsace	Immense récolte, avec du charme mais manquant généralement de vigueur. Vins trop vieux pour la plupart.
ALLEMAGNE	
Moselle/Sarre/Ruwer	Récolte très abondante, vins séduisants, mais manquant d'acides et d'extraits pour vieillir. Bons Eiswein.
Rhin/Nahe/ Palatinat *(Rheinpfalz)*	Millésime très abondant, régulier et séduisant, mais pas à garder.
ITALIE	
Piémont	Rouges moyens.
Toscane, etc.	Nettement en dessous de la moyenne.
ESPAGNE	
	Très bon millésime pour les Rioja, encore qu'un peu léger ; maintenant à son apogée.
PORTUGAL	
Porto	Automne pluvieux ; grosse récolte diluée. Pas de millésime.
ETATS-UNIS	
Californie	Millésime record pour la quantité : bons vins, qui se gardent étonnamment bien.

1974

FRANCE

Bordeaux rouges	Des océans de vins légers décevants, encore que les meilleurs (en particulier les Graves) aient acquis un peu de caractère. A boire d'ici 1990.
Bordeaux blancs	Millésime très décevant.
Bourgogne rouges	Vendanges pluvieuses et récolte abondante ; vins en général médiocres ; même les meilleurs sont maigres.
Côte de Beaune blancs	Les gelées printanières ont réduit la récolte. La chaleur de l'été a donné de bons vins, mais qui ont déçu en vieillissant.
Chablis	Un peu acerbes au départ, mais vifs, séduisants et caractéristiques.
Champagne	Roederer Cristal semble être le seul.
Nord du Rhône	Les meilleurs sont légers et fruités, et à boire jeunes.
Sud du Rhône	Millésime très varié, en général léger. Quelques bons Gigondas.
Anjou et Touraine	Vendanges difficiles par temps frais. A éviter.
Muscadet	
Sancerre/ Pouilly fumé	
Alsace	Forte acidité : longue vie sans beaucoup de charme.

ALLEMAGNE

Moselle/Sarre/Ruwer	Il a fallu chaptaliser la plupart des vins ; peu de Kabinett, mais quelques vins bien équilibrés qui se sont bien gardés. A boire.
Rhin/Nahe/Palatinat *(Rheinpfalz)*	Variables, fruités et bons pour les meilleurs, beaucoup de Kabinett. Prêts.

ITALIE

Piémont	Un très bon millésime de Barolo, maintenant à maturité.
Toscane, etc.	Les Chianti sont moyens à bons. A boire. Torgiano remarquables.

ESPAGNE

Rien d'inoubliable parmi les Rioja.

PORTUGAL

Porto	Année fraîche ; vendanges tardives ; bons vins, mais non millésimés.

ETATS-UNIS

Californie	Peu de gelées, long été frais, conditions de maturation idéales. Une grosse récolte parfaite. Des Cabernet sains, très étoffés, dont certains sont estimés très grands et tiennent bien.

1975

FRANCE	
Bordeaux rouges	Eté superbe et très belle vendange, de couleur profonde, riche en sucre et en tanin ; trop de tanin dans certains cas. On peut craindre que le fruit et la couleur ne passent, laissant une charpente un peu dure. Les meilleurs dépasseront l'an 2000.
Bordeaux blancs	Vins moelleux très fins et concentrés, dont les meilleurs continueront d'évoluer pendant des années. Vins secs très bons et typiques, maintenant à maturité et superbes.
Bourgogne rouges	Eté chaud, petite récolte humide. Pourriture abondante, en particulier en Côte de Beaune. Très médiocres pour la plupart.
Côte de Beaune blancs	Eté chaud puis vendanges pluvieuses. Les vins blancs sont plus réussis que les rouges. Quantités réduites du fait de la pourriture ; mais les raisins étaient mûrs, et les meilleurs vins étaient agréables.
Chablis	Les meilleurs Bourgogne du millésime, avec un bel équilibre.
Champagne	Excellent millésime, d'une finesse et d'un équilibre admirables. Très beaux Blancs de blanc. Maintenant à son apogée.
Nord du Rhône	Vins médiocres, comme en Bourgogne. Pourriture causée par la pluie.
Sud du Rhône	Déception, après de grands espoirs l'été.
Anjou et Touraine	Excellents, en particulier en Anjou. Maintenant à maturité.
Muscadet	
Sancerre/ Pouilly fumé	
Alsace	Vins très aromatisés et d'une très belle puissance. Ils se sont bien gardés mais devraient être bus.
ALLEMAGNE	
Moselle/Sarre/Ruwer	Très bons ; beaucoup de Spätlese et Auslese. Ont mûri plus vite que prévu. A boire bientôt.
Rhin/Nahe/ Palatinat *(Rheinpfalz)*	Très bonne année pour le Riesling ; forte proportion de Kabinett et Spätlese. Beaucoup sont déjà à point.
ITALIE	
Piémont	Millésime très médiocre.
Toscane, etc.	Chianti Classico très sains et excellents Brunello et Sassicaia. Superbes vins rouges de Torgiano en Ombrie.
ESPAGNE	
	Rioja de qualité inégale. Il faut boire les Reserva relativement vite.
PORTUGAL	
Porto	Millésime déclaré par vingt-quatre négociants. Eté chaud avec juste assez de pluie en automne. Millésime qui mûrit vite et qui devrait bientôt commencer à se boire bien.
ETATS-UNIS	
Californie	Printemps humide, été frais ; vendanges tardives sous les pluies d'automne. Bon millésime pour les vins blancs et rouges qui mûrissent vite. Cabernet légers et fins dans certains cas, encore en bon état.

1976

	FRANCE
Eté excessivement chaud et sec, et pluies juste avant les vendanges. Vins presque trop mûrs, et un peu aqueux.	**Bordeaux rouges**
Millésime de vins moelleux très onctueux, très riches, encore que certains manquent d'acidité et doivent être bus.	**Bordeaux blancs**
Eté chaud, excellent millésime. Vins très tanniques ; certains demanderont vingt ans pour mûrir, d'autres sécheront.	**Bourgogne rouges**
Eté chaud ; vins très fins, dont beaucoup manquent d'acidité. A boire bientôt.	**Côte de Beaune blancs**
Vins lourds et riches. Les meilleurs peuvent encore se bonifier.	**Chablis**
Millésime riche et mûr, qui risquait d'être ''échevelé'', mais qui pour l'essentiel a très bien mûri et tient encore.	**Champagne**
Millésime excellent, grands vins fruités. A boire bientôt.	**Nord du Rhône**
Très bons. De grands vins à garder jusqu'en 1989.	**Sud du Rhône**
Superbe année pour les vins moelleux. Se gardent bien.	**Anjou et Touraine**
	Muscadet
	Sancerre/ Pouilly fumé
La sécheresse a donné des vins puissants et concentrés, à découvrir maintenant.	**Alsace**
	ALLEMAGNE
Très bon millésime peu abondant, avec quelques vins doux exceptionnels, et presque pas de vins secs. A boire d'ici 1990.	Moselle/Sarre/Ruwer
Le plus riche millésime depuis 1921 par endroits. Très peu de vins secs. A boire bientôt.	**Rhin/Nahe/Palatinat *(Rheinpfalz)***
	ITALIE
Grande déception devant un millésime dilué. (Le Nord-Est a bien mieux réussi.)	**Piémont**
Très médiocres. Ne méritent pas d'être gardés.	**Toscane, etc.**
	ESPAGNE
Quelques Rioja fruités et très agréables, mais pas de longue garde.	
	PORTUGAL
Eté très chaud, automne pluvieux. Pas de millésime.	**Porto**
	ETATS-UNIS
Hiver sec, temps chaud pour la floraison et, en été, grande sécheresse jusqu'à l'automne. Récolte réduite, riche en sucres et en acides. Cabernet variables ; certains sont bons. N'évolueront pas davantage.	**Californie**

1977

FRANCE	
Bordeaux rouges	Eté très pluvieux. Quelques vins secs légers et agréables. A boire bientôt.
Bordeaux blancs	Millésime à éviter pour les Sauternes. Les vins secs sont la réussite de l'année, mais maintenant passés.
Bourgogne rouges	Eté très pluvieux, bel automne. Vins légers dans l'ensemble, dont beaucoup sont médiocres, certains bons. A boire.
Côte de Beaune blancs	Agréables vins légers, mais maintenant sur le déclin.
Chablis	Bonne moyenne pour les grands et premiers crus, ailleurs beaucoup de gelées. Se sont bien gardés.
Champagne	Année riche en acides, pas de millésime.
Nord du Rhône	Millésime médiocre et léger, avec quelques exceptions agréables.
Sud du Rhône	Mûrs, mais demandent à être bus.
Anjou et Touraine	Très petite récolte ; peu de vins moelleux.
Muscadet	
Sancerre/ Pouilly fumé	
Alsace	A oublier, de façon générale, mais quelques bons Riesling.
ALLEMAGNE	
Moselle/Sarre/Ruwer	Grande récolte, de qualité moyenne, 75 % de Qualitätswein, dont 10 % seulement de plus haut niveau.
Rhin/Nahe/ Palatinat *(Rheinpfalz)*	Qualité moyenne dans le Palatinat, moins bonne dans le Rheingau.
ITALIE	
Piémont	Troisième millésime médiocre consécutif.
Toscane, etc.	Chianti très honnêtes, sinon inoubliables. En Campanie, les Taurasi étaient exceptionnels.
ESPAGNE	
	Millésime délavé de Rioja ; pas de Reserva.
PORTUGAL	
Porto	Millésime déclaré par trente négociants. Millésime exceptionnel avec toutes les qualités.
ETATS-UNIS	
Californie	Longue sécheresse jusqu'aux vendanges. Quantité réduite mais qualité surprenante. Cabernet délicats, qui tiennent bien. Les Chardonnay ont merveilleusement mûri, mais il faut les boire.

1978

FRANCE

Bordeaux rouges	Excellents : de couleur profonde et tanniques, pleins de vie et de sève. Quelques Bordeaux exemplaires, dont les meilleurs se garderont jusqu'en 2000.
Bordeaux blancs	Très bons vins moelleux, sans toute la profondeur que donne la pourriture noble. Inutile de les garder plus longtemps. Très bons vins secs bien équilibrés. Evoluent bien. A boire bientôt.
Bourgogne rouges	Millésime exceptionnel, très séduisant, de longue garde, sauvé par un superbe automne. Bons vins à garder jusque dans les années 1990.
Côte de Beaune blancs	Très bons vins, les meilleurs de la décennie, mais qui ont mûri très vite, voire trop vite.
Chablis	Vins fins, fermes, typés. Ont joliment évolué, mais la plupart demandent à être bus bientôt.
Champagne	Millésime très prometteur, dont les meilleurs vins demandent encore à mûrir.
Nord du Rhône	Millésime classique, le meilleur depuis 61. Mûrira longuement, peut-être jusqu'en 2000.
Sud du Rhône	Millésime classique, riche et puissant, de longue garde.
Anjou et Touraine	De petites quantités de beaux vins. Se gardent bien.
Muscadet	
Sancerre/ Pouilly fumé	
Alsace	Année ordinaire, sans extrêmes. Se gardent bien.

ALLEMAGNE

Moselle/Sarre/Ruwer	Petite récolte de qualité moyenne ; très peu de Kabinett ou de vins supérieurs, mais vins bien équilibrés. A boire maintenant.
Rhin/Nahe/Palatinat *(Rheinpfalz)*	Année décevante. Peu de vins au-dessus du vin de table ou du Qualitätswein, sauf dans le Palatinat.

ITALIE

Piémont	Barbaresco et Barolo de très haute qualité ; les premiers sont excellents au bout de huit ans.
Toscane, etc.	Chianti exceptionnels, Brunello et Torgiano d'Ombrie également excellents. Les Sassicaia se garderont des années.

ESPAGNE

Vendanges tardives mais très saines pour les Rioja ; les Reserva sont maintenant superbes.

PORTUGAL

Porto	Petite vendange après un été sec ; millésime déclaré par huit négociants. A boire à partir de 1988.

ETATS-UNIS

Californie	Récolte record. Hiver pluvieux, pas de gelées printanières, un peu de mildiou tôt dans la saison, automne très chaud. Les Cabernet approchent de leur apogée ; la plupart des Chardonnay l'ont déjà atteint.

1979

FRANCE	
Bordeaux rouges	Printemps pluvieux, été moyen, bel automne. Grosse récolte ; les petits vins sont très agréables, les meilleurs sont denses et classiques, avec un avenir très prometteur.
Bordeaux blancs	Millésime d'une onctuosité caractéristique pour les Sauternes, mais parfois irrégulier. Certains vins ont « bruni » avec une rapidité étonnante. Les meilleurs comptent parmi les plus grands vins de la décennie ; à garder une dizaine d'années. Quelques bons vins secs délicats.
Bourgogne rouges	Grosse vendange, saine et mûre, mais peu concentrée et peu acide. La plupart des vins sont tendres et mûrissent vite. Les meilleurs (en particulier en Côte de Beaune) ont bien évolué.
Côte de Beaune blancs	Grosse récolte, de bonne qualité.
Chablis	Trop grosse récolte. Vins agréables mais pas vraiment de premier rang.
Champagne	Très bons vins, encore que moins charpentés que les 78 et mûrissant plus vite. Seuls les Krug demandent à vieillir longtemps.
Nord du Rhône	Un très bon millésime, de belle qualité, même si elle est inférieure à celle de 78.
Sud du Rhône	Millésime abondant et honnête, de bonne qualité.
Anjou et Touraine	Millésime abondant de qualité au moins moyenne. Se gardent bien.
Muscadet	
Sancerre/ Pouilly fumé	Un millésime abondant de qualité ordinaire. A boire.
Alsace	Grosse récolte très honnête, sans vins exceptionnels. A boire relativement vite.
ALLEMAGNE	
Moselle/Sarre/Ruwer	Dégâts causés par l'hiver rigoureux, sauf pour les Riesling. La haute Moselle fut dévastée. La moyenne Moselle a produit un bel éventail de qualité, y compris de beaux Spätlese.
Rhin/Nahe/ Palatinat *(Rheinpfalz)*	Dégâts importants dus au froid en Hesse rhénane, mais quelques beaux résultats qualitatifs, en particulier dans les Riesling. Une moitié à peu près de Qualitätswein, une moitié de qualité supérieure. Ne garder que les meilleurs.
ITALIE	
Piémont	Très beaux Barbaresco et Barolo, qui demandent encore du temps pour s'épanouir.
Toscane, etc.	Très bon millésime de Chianti, avec des Brunello et des Sassicaia de tout premier rang. Les Torgiano d'Ombrie et les Taurasi de Campanie sont également bons. A boire sans hâte.
ESPAGNE	Vendanges pluvieuses et Rioja décevants, moyens, sans plus.
PORTUGAL	
Porto	Grosse récolte de qualité moyenne. Pas de millésime.
ETATS-UNIS	
Californie	Autre récolte record. Printemps doux, bel été, mais la chaleur de septembre puis la fraîcheur d'octobre posèrent des problèmes, en particulier dans le cas des Cabernet excessivement tanniques. Les meilleurs sont honnêtes, moyennement étoffés, mais pratiquement prêts. Les Chardonnay, un peu maigres, ont bien vieilli.

1980

FRANCE

Bordeaux rouges	Année difficile et irrégulière ; beaucoup de bons vins à boire jeunes.
Bordeaux blancs	Beau millésime, avec une excellente pourriture, pas très lourd mais moelleux et élégant. A boire d'ici 1990. Vins secs moins réussis.
Bourgogne rouges	Année pluvieuse et difficile. Seuls les viticulteurs les plus attentifs ont pu éviter la pourriture. Mais les meilleurs vins évoluent bien. A boire d'ici 1990.
Côte de Beaune blancs	Légers, mais quelques petits vins très harmonieux.
Chablis	Vins agréables, parfumés et fruités à boire relativement jeunes.
Champagne	Peu de vins millésimés, et ceux-ci sont relativement fragiles, mais raffinés. Ne pas garder trop longtemps.
Nord du Rhône	Récolte réduite, mais de bonne qualité ; certains sont même excellents.
Sud du Rhône	Abondance de bons vins relativement légers.
Anjou et Touraine	Mauvaise année pour les vins moelleux.
Muscadet	
Sancerre/ Pouilly fumé	Qualité et quantité moyennes. A éviter.
Alsace	Inférieurs à la moyenne des vins d'Alsace.

ALLEMAGNE

Moselle/Sarre/Ruwer	Récolte considérablement réduite. Pas de vins de vendanges tardives de haut niveau, mais les vins ordinaires sont relativement bien équilibrés.
Rhin/Nahe/ Palatinat *(Rheinpfalz)*	Le Rheingau et le Nahe ont beaucoup souffert ; petite récolte décevante ; plus abondante et réussie en Rhénanie-Palatinat.

ITALIE

Piémont	Une grosse récolte de belle qualité ; vins agréables et parfumés.
Toscane, etc.	Vins très honnêtes, parfois excellents ; ceux d'Ombrie sont en général plus réussis ; la Campagnie (malgré les tremblements de terre) a produit de beaux vins rouges.

ESPAGNE

Très beau temps pour les vendanges de Rioja, après un été frais. Quelques bons Reserva à garder, mais pas trop longtemps.

PORTUGAL

Porto	Un été chaud et sec a donné des vins puissants. Millésime déclaré par la plupart des négociants. A boire à partir de 1990.

ETATS-UNIS

Californie	Record absolu en quantité, mais vendanges difficiles car tout a mûri en même temps. L'équilibre sucre-acide était bon chez les viticulteurs qui ont vendangé au bon moment. Superbes Cabernet de saveur riche et grands Chardonnay, équilibrés, de longue garde.

1981

FRANCE	
Bordeaux rouges	Après trois vendanges tardives, celles-ci furent normales ; raisins bien mûrs et sains mais cueillis sous les pluies de fin septembre. Bons vins certainement, et très bons dans certains cas, mais parfois étonnamment légers. A boire, à partir de maintenant, d'ici 1995.
Bordeaux blancs	Les vins moelleux paraissent encore raides et peu onctueux, mais bien équilibrés. A garder au moins 5 ans. Vins secs délicieusement ronds et délicats, mais pas de longue garde.
Bourgogne rouges	Récolte réduite après la grêle en juillet. Chaleur en août et septembre, mais pluies au moment des vendanges. Vins maigres, qui évoluent moins bien que les meilleurs 80.
Côte de Beaune blancs	Récolte réduite par la grêle mais effectuée dans des conditions parfaites. Meilleurs que les rouges. Se méfier des vins durs et maigres.
Chablis	Petite récolte, après un temps froid au moment de la floraison et des chutes de grêle, qui a donné des vins concentrés, pleins de caractère et — ce qui est rare pour les Chablis récents — faits pour mûrir.
Champagne	Vins de très belle qualité qui ont à peine commencé à évoluer.
Nord du Rhône	Récolte décevante et irrégulière. Les vins blancs sont les meilleurs.
Sud du Rhône	Sécheresse, et donc petite récolte de bons vins, mais non exceptionnels.
Anjou et Touraine	Petite récolte. Quelques très beaux vins moelleux.
Muscadet	
Sancerre/ Pouilly fumé	Très petite récolte, mais de qualité (et de prix) élevé. A boire bientôt.
Alsace	Très bon millésime en qualité, quantité et régularité. Les meilleurs vins de tous types ont des années devant eux.
ALLEMAGNE	
Moselle/Sarre/Ruwer	Récolte plus abondante qu'en 1980 en moyenne Moselle, gâtée uniquement par les pluies au moment des vendanges. 30 % des vins sont du Kabinett, 20 % des Spätlese, ou mieux ; de beaux résultats. La Sarre et la Ruhr ont donné une très petite récolte de vins bien équilibrés. A boire à la fin des années quatre-vingt.
Rhin/Nahe/ Palatinat *(Rheinpfalz)*	Mauvaise année en Rheingau, où il n'y eut pratiquement pas de beaux vins. Meilleurs résultats dans le Nahe, avec 30 % de Kabinett ou de vins supérieurs ; vins très satisfaisants dans la Hesse rhénane et le Riesling de Rhénanie-Palatinat a donné d'exceptionnels Kabinett et Spätlese.
ITALIE	
Piémont	Récolte peu abondante et irrégulière.
Toscane, etc.	Qualité au moins moyenne, et supérieure pour les bons producteurs de Chianti, Brunello, Torgiano et Carmignano. Plus au sud, conditions idéales pour l'Aglianico et le Taurasi.
ESPAGNE	
	Eté très chaud pour les Rioja, d'où émergeront quelques bons Reserva. Les vins de Penedès en Catalogne sont excellents.
PORTUGAL	
Porto	Année difficile, marquée par la sécheresse puis par les pluies au moment des vendanges. Pas de millésime.
ETATS-UNIS	
Californie	Printemps sans gelées, mois de juin chaud et temps stable pendant la maturation ; vendanges exceptionnellement précoces. Vins blancs extrêmement bons, dont beaucoup issus de vendanges tardives. Les Cabernet sont coulants mais ne tiendront peut-être plus très longtemps.

1982

FRANCE

Bordeaux rouges	Vendanges abondantes et précoces. Couleur profonde, bon tanin, peu d'acidité ; dans certains cas les taux d'alcool les plus hauts depuis 59. Le temps chaud au moment de la fermentation a posé quelques problèmes. Les meilleurs vins sont incontestablement très grands (et se garderont au-delà de 2000) ; les autres mûriront sans doute assez vite.
Bordeaux blancs	Très petite vendange de Sauternes, faite par temps pluvieux. Les meilleurs vins sont riches mais risquent de ne pas se garder très longtemps. A boire bientôt. Idem pour les vins secs.
Bourgogne rouges	Grande récolte de vins agréables, ronds dans les meilleurs des cas, mais souvent faibles. Ceux de la Côte de Beaune sont les meilleurs. Un quart environ sont de qualité suffisante pour bien mûrir, peut-être jusqu'en 1990.
Côte de Beaune blancs	Bon millésime de vins gras et savoureux, en général peu acides. Dans certains cas excellents, dans d'autres trop suaves.
Chablis	De grandes quantités de vins mûrs, mais peu acides, qui se boivent bien jeunes. Ne garder que les grands crus.
Champagne	Récolte record ; sans doute peu de vins millésimés.
Nord du Rhône	Vins fins et équilibrés ; bien meilleurs qu'au sud. Prêts assez rapidement.
Sud du Rhône	Millésime médiocre : trop d'alcool, trop peu de couleur et de saveur.
Anjou et Touraine	Très grosse récolte précoce, avec un peu de pourriture noble, mais aussi de la pluie. Quelques bons vins moelleux et beaucoup d'ordinaires.
Muscadet	Vins peu acides, et donc plutôt tendres. Devraient être bus.
Sancerre/ Pouilly fumé	Réussite générale ; vendange abondante, précoce et mûre ; à boire rapidement.
Alsace	Vendange massive de vins ''faciles'', à boire dans un très proche avenir.

ALLEMAGNE

Moselle/Sarre/Ruwer	Très grosse récolte prometteuse gâtée par la pluie. Une moitié de QbA, un tiers de Kabinett, 10 % seulement de Spätlese. Les meilleurs vignobles ont fait de beaux vins, mais qui ne se gardent pas.
Rhin/Nahe/Palatinat *(Rheinpfalz)*	Plus grosse récolte de tous les temps, mais essentiellement de QbA en raison de fortes pluies. Rheingau : 25 % de Kabinett ; Nahe : 20 % (et 10 % de Spätlese) ; Palatinat : 10 % (et 5 % de Spätlese). Vins honnêtes, sans plus.

ITALIE

Piémont	Eté chaud et sec, qui a permis aux meilleurs viticulteurs de faire des vins exceptionnels pour un avenir encore lointain.
Toscane, etc.	Grosse récolte de très bons vins. Le Brunello, le Vino Nobile di Montepulciano et la plupart des Chianti, Sassicaia et Torgiano en Ombrie sont tous prometteurs. Année très satisfaisante dans presque toute l'Italie.

ESPAGNE

Les excellentes conditions promettent pour les Rioja un équivalent du millésime bordelais, d'une maturité exceptionnelle.

PORTUGAL

Porto	Conditions idéales tout au long de l'année. Petite récolte, qui donnera sans doute un très bon millésime, assez doux, pas trop robuste, qui mûrira avant les 83.

ETATS-UNIS

Californie	Les orages tropicaux de pluie et de grêle en septembre ont anéanti les espoirs d'une très belle récolte. La pourriture (parfois ''noble'') a gagné le Riesling, le Chenin blanc et le Zinfandel. Bonnes vendanges pour le Sauvignon blanc, le Chardonnay, une partie du Pinot noir et une bonne part des Cabernet. Il en résulta des vins assez ''français''. Les régions de Sonoma et de Central Coast ont mieux réussi que Napa Valley, où la qualité est très irrégulière, les Cabernet étant généralement bien équilibrés, les Chardonnay un peu courts et trapus.

1983

FRANCE	
Bordeaux rouges	Le troisième beau millésime consécutif. Moins spectaculaire que le 82, plus variable ; mais bon nombre de vins (en particulier les Margaux) ont un superbe équilibre, une belle acidité, des arômes séduisants, et survivront peut-être aux 82, jusqu'en 2010.
Bordeaux blancs	Très grand millésime, concentré et complexe, à ne pas ouvrir avant une dizaine d'années. Vins secs : excellent millésime, équilibré, de saveur vive.
Bourgogne rouges	Grosse récolte abîmée par la pourriture (et la grêle à Chambolle et Vosne-Romanée), mais dans l'ensemble riche en couleur, saveur et tanin. Meilleure année depuis 1978. De longue garde.
Côte de Beaune blancs	Très bon millésime de vins puissants, avec beaucoup de possibilités ; ils se garderont sans doute plus longtemps que les 82. Quelques vins trop forts et mous.
Chablis	Excellent millésime. Beaucoup de Chablis typiques, fermes ; beaux premiers crus et superbes grands crus à garder.
Champagne	Récolte qui n'avait d'exceptionnel que son ampleur. Sans doute quelques vins millésimés.
Nord du Rhône	Petite récolte de vins concentrés et tanniques, de bonne qualité et de longue garde.
Sud du Rhône	Quantité réduite de vins mûrs et savoureux ; les meilleurs sont excellents. A garder.
Anjou et Touraine	Excellente année. Beaux vins moelleux de Vouvray et de Layon. Se garderont.
Muscadet	Très bons vins, plus fruités et mieux équilibrés que les 82.
Sancerre/ Pouilly fumé	Belle qualité et plus de caractère qu'en 82, mais quelques vins trop étoffés. A boire bientôt.
Alsace	Millésime qui a ravi les viticulteurs et donné quelques vins extrêmement puissants et corsés. Beaucoup de vendanges tardives, mais les vins sont peu désaltérants. Les Riesling mûriront pendant dix ans.
ALLEMAGNE	
Moselle/Sarre/Ruwer	Le meilleur millésime depuis 76, presque uniquement de Spätlese et Auslese — sans doute proche du 75. Les meilleurs vins sont presque parfaits, mais manquent parfois un peu de "nerf". Les meilleurs vieilliront jusqu'en 2000.
Rhin/Nahe/ Palatinat *(Rheinpfalz)*	Enorme récolte, la meilleure depuis 76, qui n'a manqué que de pourriture noble pour être très grande. Beaucoup de Spätlese et Auslese sauf dans le Palatinat. A garder.
ITALIE	
Piémont	Barolo et Barbaresco puissants et fruités, à garder sept ou huit ans.
Toscane, etc.	Immense récolte, dont les Chianti Classico sont très mûrs, meilleurs que les Brunello, etc. Millésime de très bonne qualité en Lombardie.
ESPAGNE	Récolte très réduite de Rioja de bonne qualité. Les meilleurs Reserva sont encore à venir.
PORTUGAL	
Porto	Vendanges très tardives, mais de bonne qualité dans la haute vallée du Douro. Millésime déclaré par la plupart des négociants, avec des vins concentrés et aromatiques qui s'annoncent très grands, et qui se garderont jusqu'en 2020.
ETATS-UNIS	
Californie	Grosse récolte vendangée sous la pluie. La qualité dépend du producteur, suivant qu'il a vendangé tôt ou tard, choisi des raisins sains, éliminé les fruits trop humides. Beaucoup de pourriture noble. Les vins blancs semblent particulièrement élégants. Les rouges sont inégaux.

1984

FRANCE

Bordeaux rouges	Année très difficile, pratiquement sans Merlot, d'où des vins qui ont tendance à être durs. Il fallut beaucoup de talent pour faire des vins équilibrés et typés. Les meilleurs sont les Graves et les vins du nord du Médoc (Pauillac, Saint-Estèphe), les moins bons les Margaux. Les meilleurs mûriront jusqu'en 2000.
Bordeaux blancs	Petite vendange, sans beaucoup de possibilités, que l'on boira sans doute avec plaisir vers 1990. Quelques vins secs classiques, frais, fruités et charmants : à boire bientôt.
Bourgogne rouges	Vins pauvres en sucres naturels, mais sains et honnêtes. Une bonne vinification a pu donner des vins plus que respectables, mais qui ne se garderont pas longtemps.
Côte de Beaune blancs	Vins frais et floraux. Les meilleurs, qui ont une bonne acidité, devraient bien vieillir.
Chablis	Autre millésime séduisant. Vins brillants et frais.
Champagne	Forte acidité et qualité insuffisante pour faire des vins millésimés.
Nord du Rhône	Rouges très honnêtes, à boire relativement jeunes. Blancs séduisants.
Sud du Rhône	Les meilleurs vins sont peut-être les blancs. La récolte de Grenache fut médiocre, les rouges sont un peu nerveux mais aromatiques. Les meilleurs devraient bien vieillir (jusqu'au milieu des années quatre-vingt-dix).
Anjou et Touraine	L'une des réussites de l'année : de bons vins secs et moelleux à garder jusqu'en 1990-1995.
Muscadet	Très bon millésime classique.
Sancerre/ Pouilly fumé	Bons résultats. Certains éleveurs préfèrent le 84 au 83, plus gras.
Alsace	Vins à peine mûrs dans bien des cas, mais les meilleurs sont d'une fraîcheur merveilleuse après les 83.

ALLEMAGNE

Moselle/Sarre/Ruwer	Vendanges très tardives, et forte acidité. Pratiquement pas de Kabinett et de vins supérieurs, mais les QbA sont solides et devraient bien se garder.
Rhin/Nahe/Palatinat *(Rheinpfalz)*	Quelques Kabinett, très peu de Spätlese en Hesse rhénane et en Rhénanie-Palatinat. Une grande majorité de QbA honnêtes, avec quelques possibilités de vieillissement.

ITALIE

Piémont	Vins agréables à boire relativement jeunes.
Toscane, etc.	Année très médiocre pour les raisins de Sangiovese, qui jouent un rôle capital.

ESPAGNE

Petite récolte de Rioja, mais quelques bons vins traditionnels. Qualité meilleure en Catalogne et particulièrement bonne dans La Mancha.

PORTUGAL

Porto	Vins jeunes aromatiques très prometteurs.

ETATS-UNIS

Californie	Printemps précoce, sans gelées, et bonne floraison. Mois de juillet très chaud, même dans les régions généralement brumeuses. Vendanges très précoces et parfois hâtives, mais d'excellente qualité en général, avec des Cabernet robustes qui devraient se garder très longtemps et d'excellents Chardonnay.

1985

FRANCE	
Bordeaux rouges	Vendanges abondantes et excellentes en Médoc, sous une vague de chaleur ; récolte de Graves réduite par les gelées printanières : superbes vins sombres bien charpentés, avec de bonnes possibilités de garde (jusqu'en 2010).
Bordeaux blancs	Sauternes puissants et très mûrs, dont une petite partie seulement touchée par la pourriture noble. Les meilleurs seront dans une catégorie très élevée.
Bourgogne rouges	Millésime exceptionnel, fait en pleine vague de chaleur, et qui risque donc de surprendre en mûrissant. Beaucoup de bons vins riches et intenses, très prometteurs.
Côte de Beaune blancs	Des raisins très mûrs ont donné des vins extrêmement savoureux, peu acides en général, et qui ne se garderont donc pas très longtemps.
Chablis	Récolte réduite par les rigueurs de l'hiver, mais grande qualité, avec des vins assez riches.
Champagne	Grosse et excellente récolte, dont on peut attendre des vins millésimés.
Nord du Rhône	Vins très mûrs et corsés qui manquent un peu de concentration. Les Hermitage sont les meilleurs, mais ne vieilliront sans doute pas très longtemps.
Sud du Rhône	Très grosse récolte, en particulier de Grenache, qui a donné des vins très puissants, mais seuls les meilleurs mûriront longtemps.
Anjou et Touraine	Immense récolte de très haute qualité, parfois touchée par la pourriture noble ; beaucoup de vins moelleux de longue garde.
Muscadet	Quelques vins fruités plus grands que d'habitude ; les meilleurs vieilliront jusqu'en 1990.
Sancerre/Pouilly fumé	Après d'importants dégâts causés par le froid, récolte petite mais excellente. Les meilleurs vins méritent de vieillir.
Alsace	Encore un millésime superbe, comparable au 83, avec beaucoup de vendanges tardives.
ALLEMAGNE	
Moselle/Sarre/Ruwer	Récolte réduite par le froid, la grêle puis la sécheresse ; le soleil d'automne a permis au raisin de mûrir plus que d'habitude. Le Riesling a donné beaucoup de vins racés et typés, avec, dans les meilleurs vignobles, trois quarts de Kabinett et Spätlese qui mûriront bien.
Rhin/Nahe/Palatinat *(Rheinpfalz)*	Le froid hivernal et la sécheresse ont réduit la récolte (considérablement en Rhénanie-Palatinat). Beaucoup de Kabinett et Spätlese de bonne qualité à boire à moyen terme.
ITALIE	
Piémont	Un millésime exceptionnel qui doit mûrir.
Toscane, etc.	Un été et un automne superbes ont donné des vins magnifiques.
ESPAGNE	
	Rioja : malgré les difficultés dues à la sécheresse, on peut espérer des Reserva.
PORTUGAL	
Porto	Grande récolte, de bonne qualité à première vue.
ETATS-UNIS	
Californie	Temps frais pendant la maturation. Bonne acidité, qui devrait donner des vins élégants vieillissant bien.

1986

	FRANCE
Récolte gigantesque, vendangée par temps chaud et ensoleillé, mais sous la menace de fortes pluies. Par endroits (surtout à Saint-Emilion), le vin était trop abondant pour être bien concentré. Dans d'autres, les conditions étaient presque parfaites.	Bordeaux rouges
Excellentes conditions pour les Sauternes et les vins secs.	Bordeaux blancs
Après la pluie, un soleil tardif a permis de préserver la qualité d'environ la moitié de la récolte : il y aura de bons vins (qui ne se garderont pas longtemps), mais aussi de médiocres.	Bourgogne rouges
Bonne et abondante vendange. Les vins bien faits ont plus d'acidité que les 85 et mûriront plus longtemps.	Côte de Beaune blancs
Récolte abondante particulièrement bienvenue après deux petites années. De très bons vins.	Chablis
Très grosse récolte de qualité variable, qui ne sera sans doute pas exceptionnelle.	Champagne
Très grosse vendange de qualité semblable à la précédente.	Nord du Rhône
Quantité limitée par la sécheresse ; qualité exceptionnelle.	Sud du Rhône
Une large gamme de vins de qualité moyenne à bonne pour la plupart. Peu de beaux vins moelleux.	Anjou et Touraine
Excellents vins qui se garderont 2-3 ans.	Muscadet
Vins extrêmement fruités et nerveux, parfumés et bien typés.	Sancerre/ Pouilly fumé
Très bon millésime de vins secs, bien équilibrés. Vendanges tardives moins abondantes mais excellentes.	Alsace

	ALLEMAGNE
Vendange copieuse et honnête de Riesling, avec peu de vins exceptionnels mais avec une bonne acidité, de l'équilibre, de la longueur.	Moselle/Sarre/Ruwer
Beaucoup de Riesling QbA bien équilibrés, qui mûriront bien. Moins de réussite avec les autres cépages.	Rhin/Nahe/ Palatinat *(Rheinpfalz)*

	ITALIE
Les vignes de Barolo touchées par la grêle au printemps. Sinon, excellent millésime qui concurrencera 85.	Piémont
D'excellentes conditions devraient donner un autre très bon millésime.	Toscane, etc.

	ESPAGNE
Difficultés dues à la pluie au moment des vendanges, pour les vins de Rioja et de Catalogne. Mais de bons résultats chez les meilleurs producteurs.	

	PORTUGAL
Sécheresse estivale et vendanges commencées sous la pluie. Qualité moyenne, sans doute.	Porto

	ETATS-UNIS
Un été très frais et des vendanges prolongées ont permis aux viticulteurs de faire de très bons vins de toutes sortes.	Californie

1987

FRANCE	
Bordeaux rouges	Année inégale. Floraison très médiocre dans le Médoc et les Graves ; vins sains dans le meilleur des cas, à boire d'ici 98. Plus réussis à Saint-Émilion et à Pomerol, avec quelques beaux vins. À boire entre 92 et 98.
Bordeaux blancs	Quelques vins moelleux, mais peu de pourriture noble. Excellente année pour les vins secs, avec une belle acidité qui devrait permettre aux vins de mûrir.
Bourgogne rouges	Petite récolte avec des saveurs prometteuses de fruits mûrs. Des vins de garde.
Côte de Beaune blancs	Vins généralement décevants et manquant de fruité, malgré quelques exceptions. À boire bientôt.
Chablis	Vendanges pluvieuses, mais quelques bons vins à boire assez rapidement.
Champagne	Grosse récolte, en particulier de Pinot. Ne donnera sans doute pas de vins millésimés.
Nord du Rhône	Conditions presque idéales, surtout pour les rares vins blancs.
Sud du Rhône	Conditions très difficiles ; peu de vins de bon niveau.
Anjou et Touraine	Année difficile et inégale ; des vins qui ne sont pas faits pour mûrir longuement.
Muscadet	Millésime classique, parfaitement réussi.
Sancerre/ Pouilly fumé	Pluie lors des vendanges et qualité inégale ; peu de vins de très haut niveau.
Alsace	Millésime très prometteur pour les Riesling fruités, mais plus douteux pour les Gewurztraminer. Quelques Eiswein.
ALLEMAGNE	
Moselle/Sarre/Ruwer	Été effroyable, mais bel automne, en particulier en Moyenne-Moselle, où les Kabinett sont nombreux. À boire d'ici 98.
Rhin/Nahe/ Palatinat *(Rheinpfalz)*	Les niveaux de qualité officiels sont généralement bas, mais une bonne acidité permettra de conserver les vins (à boire entre 92 et 98).
ITALIE	
Piémont	Meilleurs résultats que dans les régions plus méridionales ; bons vins en perspective.
Toscane, etc.	Sécheresse suivie de pluie lors des vendanges. Décevant.
ESPAGNE	
	Rioja : millésime de qualité avec de beaux Reservas.
PORTUGAL	
Porto	Vendanges pluvieuses. Vraisemblablement pas de vins millésimés.
ETATS-UNIS	
Californie	Vendanges très précoces et récolte assez peu abondante. Année très prometteuse pour les grands vins blancs et pour les Cabernet, etc.

1988

FRANCE	
Bordeaux rouges	Belles vendanges après un été chaud, avec des Merlot colorés et concentrés de très grande qualité à Pomerol et Saint-Émilion. Récolte d'importance moyenne dans le Médoc et les Graves, avec des vins bien structurés, riches en couleur et de bons niveaux de tanin et d'acidité ; des vins de garde, dont on peut espérer que certains seront très grands.
Bordeaux blancs	Conditions idéales pour la pourriture noble, qui ont donné quelques excellents vins moelleux ; beau millésime, encore une fois, pour les vins secs, avec de bons niveaux d'acidité et de tanin.
Bourgogne rouges	Été chaud et vendanges précoces. Récolte de taille moyenne mais excellent millésime : profond, corsé et fruité.
Côte de Beaune blancs	Temps idéal, qui a produit des vins dorés classiques, de saveur fraîche.
Chablis	Rendement supérieur à la moyenne ; les vins sont bons, mais peuvent manquer de concentration.
Champagne	Ensoleillement parfait au moment des vendanges, mais rendement insuffisant. Belle qualité, qui semble devoir donner des vins millésimés.
Nord du Rhône	Rendement moyen. Les vins ont une qualité souple et fruitée qui promet d'être excellente : un grand millésime.
Sud du Rhône	Temps favorable et vins colorés, bien structurés, avec de bons niveaux de tanin. Millésime de qualité, à garder.
Anjou et Touraine	Année exceptionnelle pour l'Anjou : beau temps et forts taux d'alcool. Touraine : bons résultats, mais temps variable et récolte moins abondante.
Muscadet	Rendements plus faibles qu'en 87, mais des vins prometteurs, aromatiques.
Sancerre/ Pouilly fumé	Beau temps suivi de vendanges précoces ; petite récolte de vins de qualité, avec une bonne acidité.
Alsace	Beau temps au moment des vendanges, qui a encouragé le développement de la pourriture noble ; millésime exceptionnel de vendanges tardives, vins très concentrés.
ALLEMAGNE	
Moselle/Sarre/Ruwer	Conditions idéales, en particulier en Moselle, qui ont donné des vins de qualité, Spätlese et Auslese pour la plupart, qui peuvent rivaliser avec les 83 et les 85.
Rhin/Nahe/Palatinat *(Rheinpfalz)*	La pluie au moment de la récolte a posé quelques problèmes, si bien que les vendanges les plus précoces ont donné les meilleurs résultats, Kabinett de haute qualité et Spätlese pour la plupart.
ITALIE	
Piémont	Petite récolte de haute qualité, après un été très chaud. De très grands espoirs.
Toscane, etc.	Petite récolte, mais de bonne qualité, comparable au 85.
ESPAGNE	Rioja : temps frais et humide en début d'été ; les avis sont partagés, mais ce ne sera pas un grand millésime.
PORTUGAL	
Porto	Grêle et forte pluie en juin, qui ont considérablement réduit la récolte, mais temps chaud et sec en septembre, qui a donné des vins corsés de qualité.
ETATS-UNIS	
Californie	Temps variable : maturation précoce pour le Cabernet Sauvignon ; très bon millésime pour les Chardonnay, Sauvignon Blanc, etc.

1989

FRANCE	
Bordeaux rouges	Il semble que ce soit encore un millésime de Cabernet de très grande classe pour le Médoc et les Graves rouges. À boire à partir de 1995 ? Vendange abondante, mûre et précoce à Saint-Émilion et Pomerol, qui promettent de très grands vins.
Bordeaux blancs	Autre grand millésime. Le temps très chaud a donné quelques vins très mûrs. À boire d'ici 1992.
Bourgogne rouges	Moins homogène que 1988, mais quelques très bons vins. À boire à partir de 1997.
Côte de Beaune blancs	Vins gras, peu acides pour certains. Les meilleurs seront excellents.
Chablis	Vendanges précoces, vins mûrs au caractère puissant.
Champagne	Très bonne vendange précoce de beau raisin mûr ; encore un millésime.
Nord du Rhône	Récolte réduite par la sécheresse, mais grande qualité.
Sud du Rhône	Également touché par la sécheresse, et manque d'acidité dans certains cas. Petite récolte, mais les meilleurs vins seront classiques.
Anjou et Touraine	Grande année, qualité d'ensemble exceptionnelle.
Muscadet	Très bons vins, à boire jeunes.
Sancerre/Pouilly fumé	Bonne année, mais certains vins pourraient souffrir d'un manque d'acidité. À boire jeunes.
Alsace	Belle vendange, abondante et précoce ; sera peut-être du niveau du 1976.
ALLEMAGNE	
Moselle/Sarre/Ruwer	Été superbe, encore une fois, et automne chaud. Selon les premières prédictions, l'année serait meilleure que 1988, notamment en Sarre-Ruwer.
Rhin/Nahe/Palatinat *(Rheinpfalz)*	Conditions idéales pour un millésime classique et mûr.
ITALIE	
Piémont	Les Barolo et les Barbaresco paraissent très prometteurs – mûrs, concentrés et bien structurés.
Toscane, etc.	Année décevante. Les Chianti n'ayant pas eu le soleil dont ils avaient besoin, les vins seront légers. Valpolicella a souffert des orages d'été : rendements faibles et qualité inégale.
ESPAGNE	
	Rioja : bons vins, légèrement au-dessus de la moyenne en qualité et en quantité.
PORTUGAL	
Porto	Récolte d'importance moyenne, de qualité moyenne à bonne.
ETATS-UNIS	
Californie	Le millésime du « tremblement de terre », avec quelques vins prometteurs malgré un temps incertain.

1990

FRANCE

Hiver très doux, puis été chaud et sec. Grosse récolte de vins gras et puissants. Très bonne année pour le Merlot, plus difficile pour le Cabernet Sauvignon. Grande longévité potentielle.	Bordeaux rouges
Année exceptionnelle. Vins blancs secs parfaitement équilibrés ; taux de sucre les plus élevés depuis 1925 à Barsac et Sauternes, qui ont donné des vins de dessert classiques.	Bordeaux blancs
Vins de robe profonde, aux tanins concentrés, dans une année chaude et sèche.	Bourgogne rouges
Vins bien équilibrés, élégants, aromatiques, qui pourraient se garder plus longtemps que les 89.	Côte de Beaune blancs
Vins bien équilibrés : quelques vins plaisants à boire jeunes, tandis que d'autres ont les moyens de vieillir.	Chablis
Troisième plus grosse récolte à ce jour. Un été chaud, suivi d'un automne doux, a permis de vendanger une seconde récolte. Promesse de vins millésimés.	Champagne
Vins robustes, de couleur profonde, avec de bons tanins qui leur permettront d'être gardés longuement.	Nord du Rhône
De puissants tanins donnent aux vins la possibilité de vieillir. Vins blancs nets.	Sud du Rhône
Excellente année : quelques vins blancs moelleux exceptionnels.	Anjou et Touraine
Mieux équilibrés que les 89, mais en quantité moindre.	Muscadet
Vins riches, mais peu acides, à boire jeunes.	Sancerre/Pouilly fumé
Petite récolte de vins riches et ronds. Millésime particulièrement bon pour les vins de vendanges tardives.	Alsace

ALLEMAGNE

Été d'une chaleur exceptionnelle, avec des orages en fin de saison, suivi d'un « automne idéal » partout. Peut-être le meilleur millésime de l'excellent trio 88, 89 et 90. Quelques petites déceptions, cependant, en Sarre et Ruwer, où le raisin n'a pas mûri suffisamment pour donner de grandes quantités de vins de dessert.	Moselle/Sarre/Ruwer
Excellent millésime. Un été très chaud et un automne parfait ont donné des raisins aux taux d'acidité étonnamment élevés. Beaucoup de Spätlese et Auslese.	Rhin/Nahe/Palatinat *(Rheinpfalz)*

ITALIE

Conditions météorologiques quasi parfaites, promettant des vins bien équilibrés qui vieilliront bien.	Piémont
Temps excellent. Vins amples, de robe profonde, savoureux, avec des tanins ronds et une bonne acidité.	Toscane, etc.

ESPAGNE

Beau temps. Beaucoup d'excellents vins. Les Rioja rouges légèrement meilleurs que les blancs. Vins de Penedes concentrés.

PORTUGAL

Récolte de belle qualité, avec de hauts rendements, mais sans doute pas de millésime.	Porto

ETATS-UNIS

Hiver sec et été chaud. Sans doute la récolte la plus idéale de toute l'histoire californienne. Vins rouges intenses et vins blancs riches.	Californie

1991

FRANCE	
Bordeaux rouges	Les dommages causés par le gel en avril, et la pluie au moment des vendanges ont conduit à une petite récolte, souvent diluée, à prépondérance de Merlot. Vins agréables, tout du moins.
Bordeaux blancs	Petite vendange, mais de bonne qualité, pour les vins secs. Très peu de grands Sauternes.
Bourgogne rouges	Temps sec et difficile, puis pluie au moment des vendanges. Les beaux vins seront l'exception.
Côte de Beaune blancs	Récolte mûre, mais touchée par la pluie. La plupart des vins manqueront de concentration et devront se boire jeunes.
Chablis	Vins honnêtes, mais qui tendent à être dilués.
Champagne	Année satisfaisante, mais pas de vins millésimés.
Nord du Rhône	Les Hermitage sont les meilleurs ; rien d'exceptionnel.
Sud du Rhône	Pluie au moment des vendanges. Peu de vins remarquables.
Anjou et Touraine	Graves dommages dus au gel. Récolte réduite mais satisfaisante.
Muscadet	Très belle qualité, mais en quantité restreinte.
Sancerre/Pouilly fumé	Fortes gelées en avril. Récolte « correcte », mais peu abondante.
Alsace	Presque un répit après tant de « grandes » années ; vins nerveux et rafraîchissants.
ALLEMAGNE	
Moselle/Sarre/Ruwer	La pluie a emporté de grands espoirs. Beaucoup de vins très agréables, quelques-uns encore meilleurs.
Rhin/Nahe/Palatinat *(Rheinpfalz)*	Bon millésime, après trois années exceptionnelles. Qualité jusqu'au Spätlese.
ITALIE	
Piémont	Vins de Nebbiolo dilués, mais bons vins blancs, Barbera et Dolcetto.
Toscane, etc.	Pluie et pourriture au moment des vendanges. Les vins de Montalcino sont les plus réussis.
ESPAGNE	
	Bons Rioja ; vins exceptionnels en Catalogne.
PORTUGAL	
Porto	Excellente récolte ; sans doute un très grand millésime.
ETATS-UNIS	
Californie	Saison fraîche, puis soleil au moment des vendanges. Aux premières estimations, excellents Cabernet, mais Chardonnay moyens.

1992

	1992
FRANCE	
Bordeaux rouges	Pluie au moment de la floraison, en août et à l'époque des vendanges. Immense récolte ; quelques vins de belle qualité.
Bordeaux blancs	Le raisin blanc, cueilli pour une bonne part avant le début des pluies, a donné de meilleurs résultats. Année désastreuse dans le Sauternais.
Bourgogne rouges	Vins mûrs, ronds et plaisants, mais sans grande concentration.
Côte de Beaune blancs	Vins aromatiques, mûrs et charmants.
Chablis	Vins mûrs et plaisants, qui évolueront et se garderont bien.
Champagne	Bonne récolte, mais non exceptionnelle. Vraisemblablement pas de millésime.
Nord du Rhône	Beaucoup de vignerons ont eu des problèmes de pourriture. Qualité variable.
Sud du Rhône	Petite récolte de bonne qualité : Châteauneuf-du-Pape particulièrement bon.
Anjou et Touraine	Quelques vins riches et concentrés.
Muscadet	Importante vendange de qualité moyenne.
Sancerre/Pouilly fumé	Grosse récolte réussie, malgré la grêle. Comparable aux 82.
Alsace	Pas de vins de vendanges tardives, mais ailleurs la qualité est exceptionnelle.
ALLEMAGNE	
Moselle/Sarre/Ruwer	Très grosse récolte, menacée par le froid et la pluie en octobre. QbA pour la plupart. Quelques QmP exceptionnels en Moyenne-Moselle.
Rhin/Nahe/Palatinat *(Rheinpfalz)*	Abondante vendange, contrariée par le froid et la pluie d'octobre. Quelques très bons et élégants QmP néanmoins.
ITALIE	
Piémont	Le Dolcetto et le Barbera sont les plus réussis. Le Barolo et le Barbaresco ont souffert des pluies en fin de saison.
Toscane, etc.	Année décevante. Les vignerons qui ont vendangé avant les pluies ont obtenu les meilleurs résultats.
ESPAGNE	La pluie a interrompu ce qui aurait pu être une récolte de bonne qualité. Le raisin vendangé avant les pluies a donné de bons Rioja.
PORTUGAL	
Porto	Année de qualité : conditions presque parfaites au moment des vendanges, donnant des vins mûrs, concentrés, puissants, tanniques et fruités. Millésime potentiel.
ETATS-UNIS	
Californie	Année sans problèmes ; bons vins, le Cabernet Sauvignon et le Chardonnay évoluant bien l'un et l'autre.

1993

FRANCE	
Bordeaux rouges	Pluies diluviennes au moment des vendanges, mais le raisin était auparavant parvenu à une bonne maturité. Petite récolte de vins de grande qualité, qui évoluent rapidement.
Bordeaux blancs	Bons vins blancs gouleyants, qui mûrissent vite, également en petites quantités. Pas de merveilles. Pas une bonne année non plus pour les Sauternes.
Bourgogne rouges	Beaucoup de Bourgogne rouges seront excellents, avec des résultats surprenants après des vendanges difficiles : pluie, suivie de sécheresse, puis à nouveau de pluie.
Côte de Beaune blancs	Le raisin blanc a moins bien survécu que le noir. Vins à boire jeunes.
Chablis	Millésime de qualité moyenne, avec des vins un peu meilleurs que les Côte de Beaune.
Champagne	Production abondante, mais pas du niveau d'un millésime.
Nord du Rhône	Les vignerons qui ont vendangé précocement ont eu de la chance. Une grande partie de la récolte a été gâtée par les pluies au moment de la cueillette. Les Cornas ont donné les meilleurs résultats.
Sud du Rhône	Le Châteauneuf-du-Pape vendangé précocement est meilleur que le 91 ou le 92. Mais beaucoup de vignerons ont trop tardé.
Anjou et Touraine	La région a été épargnée par les fortes pluies. Bons vins, en particulier quelques vins rouges bien charpentés.
Muscadet	Véraison et vendanges au moment propice ont donné des Muscadet relativement réussis.
Sancerre/Pouilly fumé	Vendanges marquées par la pluie. Les vins ne se gardent pas, mais sont agréables à boire jeunes.
Alsace	Très bons vins issus de raisin vendangé précocement, Riesling tardifs moins réussis. La pluie n'a pas favorisé la pourriture noble, et les vins de vendanges tardives sont rares.
ALLEMAGNE	
Moselle/Sarre/Ruwer	Les meilleures vendanges ont été faites pendant l'été indien. Quelques Auslese excellents, peut-être meilleurs que les 92.
Rhin/Nahe/Palatinat *(Rheinpfalz)*	L'année avait bien commencé, mais le temps médiocre au moment des vendanges a imposé une sélection rigoureuse. Les conditions étaient favorables au botrytis, si bien que les vins moelleux, en particulier ceux du Rheingau, sont les plus réussis.
ITALIE	
Piémont	Été chaud, bons Dolcetto et Barbera ; la pluie a interrompu les vendanges du Nebbiolo, et les vins de Barolo et Barbaresco ont nécessité une sélection sévère.
Toscane, etc.	Été chaud, suivi de fortes pluies automnales ; malgré cela, le Chianti Classico est généralement bon, le Brunello et le Vino nobile di Montepulciano excellents.
ESPAGNE	
	Le Valdepeñas et le Sud ont donné les meilleurs résultats. La pluie a gâté la vendange de Rioja.
PORTUGAL	
Porto	Mauvaises conditions météorologiques du printemps jusqu'aux vendanges. Pas de millésime.
ETATS-UNIS	
Californie	Année irrégulière, qui s'est terminée par une vague de chaleur au moment des vendanges. Le Cabernet Sauvignon et le Chardonnay seront tous deux des vins qui évolueront rapidement, à boire jeunes.

1994

FRANCE

Bordeaux rouges	Très bonne récolte, quoique restreinte. La grêle et le froid ont interrompu la floraison, mais une chaleur exceptionnelle en juillet et en août a donné des vins concentrés, puissants et souples – excellents dans les Graves et dans le Médoc.
Bordeaux blancs	Vins élégants et bien charpentés – épargnés, pour la plupart, par les pluies au moment des vendanges.
Bourgogne rouges	Été très chaud et sec, avec une qualité de raisin qui pourrait être du niveau de celle de 1976. Les pluies au moment des vendanges ont imposé une sélection rigoureuse pour des vins de qualité comparable.
Côte de Beaune blancs	À Meursault, tout particulièrement, le raisin très mûr a donné des vins pleins, riches et puissants – malgré des problèmes de dernière minute liés aux pluies de septembre.
Chablis	Petite récolte, sauvée du désastre par le soleil après les pluies de fin de saison.
Champagne	Année médiocre, avec, tout au long des vendanges, des pluies qui ont gâté des vins prometteurs.
Nord du Rhône	Raisin à maturation précoce d'excellente qualité ; vins comparables aux 85 et aux 90.
Sud du Rhône	La chaleur estivale promet de grands vins, mais les rendements ont été réduits par le mistral et les pluies au moment des vendanges.
Anjou et Touraine	Malgré la grêle en août et la pluie en septembre, le Sauvignon a donné de bons résultats – mais non le Gamay.
Muscadet	Bel été, avec des espoirs anéantis une fois de plus par les orages au moment des vendanges.
Sancerre/Pouilly fumé	Les pluies de septembre ont balayé de grands espoirs. Bons vins là où l'on a évité la pourriture.
Alsace	Année parfaite, avec de très bons vins – lesquels ont eu la chance d'échapper aux pluies qui ont touché le reste du pays.

ALLEMAGNE

Moselle/Sarre/Ruwer	Excellente récolte, avec de très beaux Spätlese et Auslese. Grâce à une superbe sélection, les vins moelleux devraient même surpasser les 76.
Rhin/Nahe/Palatinat *(Rheinpfalz)*	Un été chaud et sec a amené à vendanger précocement une grande partie du Riesling, donnant de très bons QbA et Kabinett, mais le raisin est souvent trop sain pour le QmP.

ITALIE

Piémont	Les vins blancs et le Dolcetto ont donné de beaux résultats, mais les pluies au moment de la récolte ont gâté des Barolo et des Barbaresco qui auraient pu être bons.
Toscane, etc.	Millésime de qualité variable : quelques vins du niveau des 93, d'autres moins bons.

ESPAGNE

Gelées en mai, pluies et été très chaud : rendements réduits de 30 %, mais une grande qualité. Meilleur millésime de la décennie pour le Rioja.

PORTUGAL

Porto	Hiver humide, été chaud, puis un temps parfait pour les vendanges ; potentiel de millésime.

ETATS-UNIS

Californie	Longue saison fraîche, puis bonnes vendanges, sans pluies imprévues. Vins savoureux généralement plus légers que d'habitude, d'excellente qualité.

1995

FRANCE	
Bordeaux rouge Médoc / graves rouges	Vague de chaleur et sécheresse, mais ensuite de la pluie. Année bonne à excellente. Dès maintenant et jusqu'en 2020 et plus.
Saint-émilion / pomerol	Résultats sans doute même meilleurs que pour les médocs/graves. Dès maintenant et jusqu'en 2015.
Bourgognes rouges	Récolte limitée mais excellente, malgré les pluies lors des vendanges. Raisins très mûrs.
Bourgognes blancs	Millésime potentiellement grand, dilué par endroits. Dès maintenant et jusqu'en 2015.
Chablis	Très bonne à très, très bonne année. Dès maintenant et jusqu'en 2010.
Beaujolais	Excellente année
Sud-ouest de la France	Résultats remarquables partout. Vins difficiles à trouver, mais ils méritent qu'on les recherche.
Le Midi	Le Roussillon a produit des vins riches et concentrés ; la sécheresse dans le Languedoc a produit des vins robustes, avec des tanins fermes. Beau potentiel de vieillissement en Provence.
Côtes-du-rhône septentrionales	Beaucoup d'arômes et d'ampleur. Les appellations les moins cotées comme Crozes sont délicieuses dès maintenant. Les plus cotées ont besoin de davantage de temps, peut-être entre 2004 et 2006.
Côtes-du-rhône méridionales	Vins fruités, doux, délicieux ; évoluant rapidement ; surtout si les viticulteurs ont attendu que le raisin soit très mûr. Les meilleurs se garderont jusqu'en 2010-2014.
Champagne	Vins classiques, bien équilibrés ; une année par excellence du chardonnay. Pour la plupart des producteurs, le millésime disponible le plus courant.
Vallée de la Loire	Excellent millésime en général. Dans toutes les appellations, vins délicieux, bien structurés et de longue garde.
Alsace	Grâce à l'été indien, les cépages qui mûrissent lentement ont été particulièrement réussis (pinot gris, gewurztraminer et surtout riesling). Grands vins liquoreux également.

ALLEMAGNE	
Millésimes récents Moselle-Sarre-Ruwer	Excellent millésime, avec surtout des *Spätlese* et des *Auslese* d'une bonne charpente et un bon potentiel de vieillissement. Résistez à la tentation de les boire trop tôt.
Rheinhessen, Nahe, Palatinat, Rheingau	Millésime plutôt variable, mais avec quelques excellents *Spätlese* et *Auslese* qui ont profité d'une bonne maturation, comme ceux de 1990. Millésime faible dans le Palatinat compte tenu des pluies lors des vendanges.

ESPAGNE	
Rioja	Conditions météo favorables presque partout. Bonne teneur en alcool et bonne acidité. Excellente année.
Ribera del Duero	Des gelées dévastatrices en avril laissaient présager une vraie catastrophe, mais l'arrivée du soleil et de la chaleur a fini par donner des vins riches et structurés. Excellente année.
Navarre	Récolte très réduite compte tenu des gelées d'avril. Vins semblables à ceux de 1994, mais susceptibles de vieillir plus longtemps car plus riches en acide. Excellente qualité.
Penedès	Hiver sec, venteux et doux. Les vignes n'ont pu bourgeonner que grâce aux réserves d'eau de l'année précédente. Été alternativement humide et chaud. Très bon millésime.

ÉTATS-UNIS	
Californie	Minuscule récolte. Vins d'une grande vitalité, mais lents à s'ouvrir. Bons zinfandels, grands cabernets. Le meilleur millésime à mettre en cave depuis 1990.

1996

FRANCE

Bordeaux rouge Médoc / graves rouges	Été frais, bonne récolte, surtout pour le cabernet sauvignon. Année bonne à excellente. Dès maintenant et jusqu'en 2020.
Saint-émilion / pomerol	Bel été frais, pluies au moment des vendanges sur le merlot. Récolte moins consistante que dans le Médoc. Dès maintenant et jusqu'en 2020.
Bourgognes rouges	Bel été et bonnes vendanges. Vins superbes et bien mûrs, à garder. 2002-2020.
Bourgognes blancs	Grand millésime ; les meilleurs vins sont à mettre en cave. Dès maintenant et jusqu'en 2015.
Chablis	Vendanges idéales, mais grêle sur le sommet des vignobles. Chablis de garde classique. Dès maintenant et jusqu'en 2015.
Beaujolais	Vins très satisfaisants, mais qui ne sont pas à garder très longtemps
Sud-ouest de la France	Bonne année « commercialement » dans la plupart des régions.
Le Midi	La pluie a dilué la récolte en Languedoc et dans le Roussillon : vins légers et sans profondeur. En Provence, vins bien fruités, mais les rouges auront intérêt à prendre de la bouteille.
Côtes-du-rhône septentrionales	Des vins qui ont du potentiel si on les laisse vieillir. Manque d'harmonie, au début, entre fruit, tanins et acidité.Peuvent être complexes : surveillez-les pour les boire au bon moment. Les meilleurs sont à consommer entre 2006 et 2008.
Côtes-du-rhône méridionales	Année inégale. Les tannins sont âpres. Les meilleurs vins peuvent attendre dix ans et plus.
Champagne	Des champagnes d'une structure monumentale, riches en alcool et en acidité, demandant de nombreuses années avant de parvenir à maturité. Les viticulteurs comparent cette année à 1928.
Vallée de la Loire	Année excellente, même si elle n'est pas aussi flatteuse que 1997. Les rouges à base de cabernet ont besoin de temps, mais vieilliront magnifiquement bien (allant même jusqu'à surpasser ceux de 1997).

ALLEMAGNE

Millésimes récents Moselle-Sarre-Ruwer	Millésime très inégal avec de bons *Spätlese* et *Auslese* sur les hauts des vignobles, mais seulement des *QbA* ou des vins de table ailleurs. De nombreux vins de glace excellents.
Rheinhessen, Nahe, Palatinat, Rheingau	Excellent millésime en particulier dans le Palatinat et dans le Rheingau avec beaucoup de bons *Spätlese* qui tireront profit d'un long vieillissement. Grands vins de glace.

ITALIE

Toscane	Les pluies d'automne succédant à un été excellent ont dilué les récoltes. Certains vins sont plaisants, quelques-uns mémorables ; un millésime à boire sans tarder.
Piémont	Des pluies en fin de saison ont porté tort au barbera et au dolcetto ; nebbiolo intense, très puissant, d'une couleur très foncée ; les meilleurs barolos et barbarescos depuis 1989 ; un millésime à garder en cave.

ESPAGNE

Rioja	Un printemps tout aussi frais que l'été, ce qui est rare, a donné des vins bien structurés mais à consommer sans tarder. Très bonne année.
Ribera del Duero	Printemps splendide, puis temps sec en été et en automne : des conditions qui se traduisent par une bonne acidité et un potentiel de longue garde. Excellente année.
Navarre	Été froid et humide. Faibles rendements, mais vins frais aromatiques avec une bonne acidité et de la concentration. Bonne qualité.
Penedès	Hiver froid avec des gelées, puis printemps pluvieux et humide. Les fortes pluies d'août ont donné une récolte prolifique. Très bon millésime.

PORTUGAL

Récolte énorme (la plus grosse de la décennie). Des pluies en hiver. Grosses quantités d'un vin plutôt dilué, mais cependant quelques très bons rouges du Dão.

ÉTATS-UNIS

Californie	Minuscule récolte. Beaucoup de charpente, mais manque de charme et d'arômes. Ont besoin de vieillir.
État de Washington et Oregon	Qualité variable dans l'Oregon – proche des vins hauts de gamme. Les gelées d'hiver dans l'Etat de Washington ont fait des dégâts, mais les raisins qui ont survécu ont donné des vins concentrés et pleins de charme.

1997

FRANCE	
Bordeaux rouge Médoc / graves rouges	Une floraison inégale et des pluies en été ont posé un double problème. C'est le cabernet sauvignon qui a le mieux mûri. De bonnes affaires pour les petits malins…
Saint-émilion / pomerol	La récolte de merlot a souffert de la pluie, mais les viticulteurs parviennent à mieux maîtriser les difficultés. Bons résultats pour les vins souples. Dès maintenant et jusqu'en 2010.
Bourgognes rouges	Le ciel a souri à nouveau. Raisins très mûrs, avec un taux d'acidité bas, qui reste le problème potentiel majeur. Vins charmants, de moyenne garde, jusqu'en 2010 et plus.
Bourgognes blancs	Excellent millésime en général : ce sera un plaisir de comparer ce millésime avec 1996 et 1995.
Chablis	Encore une bonne année ; sans doute à boire avant les vins de 1996.
Beaujolais	Vins excellents et de bonne garde
Sud-ouest de la France	Année lamentablement humide ; sauf les liquoreux, tous les vins sont dilués.
Le Midi	Résultats problématiques en Languedoc et Roussillon : vins légers mais fruités. Petites récoltes en Provence, avec des raisins mûrs, de la concentration et une bonne aptitude à vieillir.
Côtes-du-rhône septentrionales	Très bonne année. Vins gras et charnus qui vont évoluer rapidement. L'acidité étant moins forte, les arômes sont plus riches et plus doux. Bons à boire maintenant. Bon millésime pour les restaurants.
Côtes-du-rhône méridionales	Il faut bien s'arranger avec les résultats. Le raisin peut être cuit, ou plutôt confituré. Attendre au moins dix ans avant de les boire, à moins qu'il ne s'agisse de grandes appellations et de faibles rendements. Certains blancs sont intéressants.
Champagne	Le temps magnifique du mois de septembre a sauvé les vendanges. Vins mûrs et peu acides, à boire facilement sans tarder. Pourraient se révéler meilleurs que ceux de 1996.
Vallée de la Loire	Année chaude et ensoleillée avec une magnifique arrière-saison. Troisième excellent millésime de suite. Rouges pleins de souplesse, blancs secs et liquoreux spectaculaires.
Alsace	Une saison de croissance presque parfaite suivie d'une période sèche et ensoleillée, avec comme résultats des vins secs et concentrés et des liquoreux remarquables.
ALLEMAGNE	
Millésimes récents Moselle-Sarre-Ruwer	Millésime généreux, caractérisé par des vins élégants et fruités dans toute la région. Merveilleux *Auslese* dans la Sarre et la Ruwer.
Rheinhessen, Nahe, Palatinat, Rheingau	Des raisins très sains et très mûrs ont donné d'excellents *QbA*, *Kabinett* et *Spätlese* dans les styles aussi bien secs que classiques. La rareté de la pourriture noble s'est traduite par une rareté des *Auslese* et des vins de plus grande qualité.
ITALIE	
Toscane	Les conditions météo de l'été et du début de l'automne étaient virtuellement parfaites ; vins riches, ronds, pleins ; l'un des millésimes les plus remarquables depuis la fin de la guerre.
Piémont	Été chaud et sec, comme le début de l'automne ; barbera digne des plus grands éloges, riche, rond et corsé ; très bons barolos et barbarescos, avec des tannins étonnamment doux ; résultats moins positifs pour les blancs et le dolcetto.
Millésimes de porto récemment déclarés	Vins excellents, potentiellement de longue garde, avec une bonne charpente tannique. Déclaré par la plupart des négociants. À boire à partir de 2012.
ESPAGNE	
Rioja	Compte tenu du faible ensoleillement et des pluies abondantes, le millésime est inégal. Qualité moyenne à pauvre.
Ribera del Duero	Du froid et de l'humidité, avec des gelées au printemps et en été. Pauvres résultats.
Navarre	Été nuageux, humide et froid. Vins sans potentiel de vieillissement. Année médiocre.
Penedès	Hiver doux et humide. Bonne floraison, avec des pluies abondantes. Grosse récolte. Bons vins blancs et très bons vins rouges.
PORTUGAL	Bonne année dans tout le pays. Une récolte de bonne qualité a produit des vins équilibrés et aromatiques. Bon bairrada rouge.
ÉTATS-UNIS	
Californie	Récolte énorme, vins rouges très aromatiques, avec beaucoup d'extrait. Très appréciables en particulier pour leur exubérance et leur jeunesse. Meilleurs et de loin que les années précédentes ou suivantes.
État de Washington et Oregon	De la pluie dans l'Oregon, donc des vins durs et maigres – à boire maintenant. Forts rendements et vins équilibrés dans l'État de Washington. À boire dès maintenant et jusqu'en 2006.

1998

	1998
FRANCE	
Bordeaux rouge Médoc / graves rouges	À nouveau de la pluie au moment des vendanges. Mais le mois d'août avait fait mûrir (et même rôtir) le raisin. Bonne à très bonne année.
Saint-émilion / pomerol	Le merlot qui mûrit relativement tôt a pu échapper à la pluie. Certains vins sont excellents.
Bourgognes rouges	Un mois de septembre pluvieux a eu pour effet de diluer une récolte très mûre, mais il n'en reste pas moins que les vins sont délicieux.
Bourgognes blancs	Les blancs sont meilleurs que les rouges : certains d'entre eux (une fois de plus) sont riches et puissants.
Chablis	Temps frais et de la grêle par endroits. Vins assez bons à bons, mais qui ne vieilliront pas.
Beaujolais	Très bonne année, bien qu'inégale ; les meilleurs crus auront de la garde
Sud-ouest de la France	Résultats remarquables partout. Le millésime à surveiller en 2002.
Le Midi	Sécheresse en Roussillon se traduisant par des petites récoltes et des vins concentrés. Magnifiques vendanges dans le Languedoc, donnant des vins mûrs et fruités, dotés d'un gros potentiel. Vins fruités et bien équilibrés en Provence.
Côtes-du-rhône septentrionales	Très bonne année. Grand millésime, remarquablement robuste. Tanins plus évidents que dans les vins de 1999. Prendront du temps pour s'assouplir. À boire entre 2006 et 2010. Bons blancs.
Côtes-du-rhône méridionales	Excellente année. Un triomphe pour le grenache. Vins chaleureux qui dissimulent leur véritable puissance et leurs tannins. Certains peuvent être trop corsés et fougueux.
Champagne	Vins solides et bien charpentés, qu'il s'agisse aussi bien de pinot noir que de chardonnay. Millésime éventuel plutôt pour les viticulteurs que pour les grandes maisons.
Vallée de la Loire	Fin des bonnes années pour les vins de Loire. Alternance de gelées, de grêle, de sécheresse et de fortes pluies pendant les vendanges. Les vins sont légers, certains rouges à base de cabernet franc sont exagérément tanniques.
Alsace	Quatrième bon millésime de suite, ce qui n'est pas courant. Bons vins malgré une vague de chaleur en août-septembre et des pluies pendant les vendanges. Davantage de gewurztraminer que les années précédentes.
ALLEMAGNE	
Millésimes récents Moselle-Sarre-Ruwer	Les raisins de riesling ont bien résisté aux pluies d'automne pour finir par donner des résultats d'une qualité renversante dans la moyenne Moselle ; la Sarre et la Ruwer ont eu moins de chance, avec la plupart de leurs vins en *QbA*. Beaucoup de vins de glace.
Rheinhessen, Nahe, Palatinat, Rheingau	Excellent millésime, avec des vins riches et équilibrés, donnant beaucoup de bons *Spätlese* et *Auslese* dont le potentiel est excellent Ils se révèlent en vieillissant, sinon ils restent encore très fermés.
ITALIE	
Toscane	Vignes malmenées par un excès de chaleur et de sécheresse en août, avant l'arrivée de pluies au début d'octobre. Vins très bons le long du littoral, irréguliers ailleurs.
Piémont	Très bons blancs, excellents rouges (barolo et barbaresco) ; troisième bon millésime de suite après des difficultés en 1991, 1992 et 1994.
ESPAGNE	
Rioja	La plus grosse récolte de raisin dans la région jamais enregistrée. Le manque de soleil et l'absence de pluie en automne ont retardé la récolte. Très bonne année.
Ribera del Duero	Pluies torrentielles au début de l'automne et prix record du raisin. Bonne année.
Navarre	Gelées au printemps, mais ensuite été sec et chaud. Vins bien structurés avec une belle couleur et des arômes élégants. Très bon millésime.
Penedès	Des températures basses en hiver, puis de la pluie au printemps. Le raisin a bien mûri. Très bons blancs et rouges excellents.
PORTUGAL	Petits rendements ; vins potentiellement excellents dans le Nord, dilués par les pluies de la fin septembre. Les régions de l'intérieur et l'Alentejo s'en sortent le mieux.
ÉTATS-UNIS	
Californie	Vendanges irrégulières se prolongeant çà et là jusqu'en novembre. Les vins ont toutes les chances d'être lamentables.
État de Washington et Oregon	Excellent millésime pour tous les vins. Rendements réduits et concentration dans l'Oregon : quantité et qualité au rendez-vous dans l'État de Washington. À boire maintenant et jusqu'en 2003.

1999

FRANCE	
Bordeaux rouge Médoc / graves rouges	L'alternance de temps chaud et de pluies au moment des vendanges semble avoir été un défi pour les viticulteurs et amoindri les atouts d'une récolte par ailleurs excellente.
Saint-émilion / pomerol	Les viticulteurs chanceux et prudents ont réussi à faire d'excellents vins, mais la pluie a de nouveau posé des problèmes.
Bourgognes rouges	Belles vendanges bien mûres, avec de la pluie à la mi-septembre. Très bons blancs ; rouges excellents, hauts de gamme.
Bourgognes blancs	Millésime généreux réunissant de bons vins bien équilibrés et pleins de fraîcheur.
Chablis	Autre millésime bien mûr ; certaines vendanges ont été compromises par la pluie.
Beaujolais	Vins splendides, riches et profonds
Sud-ouest de la France	Une météo inégale a gâché les vendanges de certains, mais ce n'est pas un désastre.
Le Midi	Le mauvais temps a failli ruiner les vendanges dans le Roussillon ; résultats inégaux en Languedoc (bons à La Clape, mais pas à Pic-Saint-Loup). Beau temps et bons résultats en Provence.
Côtes-du-rhône septentrionales	Année très réussie : du fruit et de la plénitude. Vins délicieux, susceptibles de bien vieillir. Plus équilibrés que ceux de 1998. Ils ont tous en commun de l'harmonie. Mention spéciale pour la côte-rôtie. Solides blancs.
Côtes-du-rhône méridionales	Très bonne année en général. Le fruit est mûr, bien ouvert et la structure est bonne chez les meilleurs vins. Châteauneuf-du-pape : belle harmonie, jusqu'en 2007 et plus. Vacqueyras : très bon. Lirac : bonne forme.
Vallée de la Loire	Semblait devoir rivaliser avec la grande année 1989 lorsque la pluie est arrivée. Les cabernets-francs sont marqués par des arômes animaux et musqués. Vouvray : bons résultats chez les secs et les demi-secs.
Alsace	Une saison difficile pour la croissance des raisins, sauvée par une période sèche et ensoleillée entre mi-août et mi-septembre. Les viticulteurs qui ont respecté des rendements faibles ont produit de bons vins bien équilibrés.
ALLEMAGNE	
Millésimes récents Sarre-Ruwer	Année excellente dans la Sarre et la Ruwer, beaucoup de *Auslese* ; année simplement bonne dans la Moselle, à cause Moselle-des rendements élevés. Les meilleurs vins se boivent bien jeunes et vieillissent tout aussi bien.
Rheinhessen, Nahe, Palatinat, Rheingau	Qualité moyenne là où les rendements sont élevés, mais excellent millésime pour les terroirs situés sur les sommets, avec des vins riches, aromatiques et pleins de charme.
ITALIE	
Toscane	Août et septembre chauds et secs, vendanges précoces, millésime se révélant excellent dans toutes les grandes régions.
Piémont	Barbaresco et barolo équilibrés et élégants ; barbera plus inégal, à cause de conditions météo irrégulières en fin de saison ; dolcetto plein de charme.
ESPAGNE	
Rioja	Les pires gelées d'avril enregistrées de mémoire d'homme ont retardé la maturation et les pluies d'été ont causé le mildiou. Qualité moyenne.
Ribera del Duero	Conditions météo presque parfaites et récolte record, mais on note un manque d'acidité compte tenu des pluies au moment des vendanges. Très bonne année.
Navarre	Les vendanges les plus endommagées par les gelées de toute la décennie, avec des prix du raisin qui montent en flèche. Les vins promettent d'être bien structurés et de longue garde. Excellent millésime.
Penedès	De la douceur en hiver et au printemps, suivie d'un été chaud et sec ont contribué à produire une récolte abondante. Très bon millésime.
PORTUGAL	Encore une petite année, avec les espoirs anéantis par les pluies au moment des vendanges. Les vins du Sud sont meilleurs que ceux du Nord.
ÉTATS-UNIS	
Californie	Beaucoup de froid au printemps et en été, d'où des vendanges très tardives. L'absence de pluie en automne a permis au raisin de ne pas souffrir, mais le mois d'octobre a été chaud, donc la plupart des cépages ont pu mûrir en même temps. Vins très parfumés et très colorés, riches en acides et en alcools. Volume de la récolte inférieur de 10 à 40 % par rapport à la moyenne.
État de Washington et Oregon	Superbe millésime. Une saison de croissance parfaite a donné des vins équilibrés. À boire dès maintenant et jusqu'en 2008.

2000

FRANCE

La floraison a été tardive et le début de l'été un peu humide, laissant présager des difficultés, mais en fin de compte les résultats sont exceptionnels : vins superbes quelle que soit la localité.	Bordeaux rouge Médoc / graves rouges
Mêmes conditions que dans le Médoc, moins favorables au merlot, mais le millésime reste très bon.	Saint-émilion / pomerol
Année difficile. Raisins fragiles en côte de Beaune. Situation bien meilleure en côte de nuits.	Bourgognes rouges
Le millésime promet d'être excitant. Grande récolte et raisins très mûrs.	Bourgognes blancs
Beau temps permettant de vendanger des raisins mûrs – excellente année. Bon à très bon.	Chablis
Excellente année	Beaujolais
Différences notables de qualité, compte tenu des fortes pluies en septembre ; les raisins qui ont été récoltés assez tôt donneront des résultats bons à excellents ; sans doute une catastrophe pour les vins liquoreux.	Sud-ouest de la France
Un été chaud sans interruption a donné des vins mûrs et fruités dans le Roussillon et en Provence, des raisins bien formés et des vins équilibrés dans le Languedoc.	Le Midi
Des signes avant-coureurs annonçaient une bonne réussite ; les vins ont une bonne densité et une belle structure tannique.	Côtes-du-rhône septentrionales
Vins agréables, dominés par le fruit, mais ce n'est pas une année que l'on gardera longtemps. Choisissez les grandes appellations. Le gigondas peut s'approcher du châteauneuf-du-pape en qualité.	Côtes-du-rhône méridionales
Le soleil a brillé pendant toutes les vendanges, ce qui a permis de produire des vins naturellement riches en sucre et en acidité. Année susceptible de devenir un millésime pour tous les producteurs.	Champagne
Année chaude et pluvieuse, avec trop peu de soleil. Muscadet, sancerre et touraine : satisfaisants à bons ; les vins à base de cabernet franc sont très colorés mais pas très riches ; à boire dans les six ans. Vouvray : bons résultats chez les secs et les demi-secs.	Vallée de la Loire
Superbe millésime, sans doute le meilleur depuis 1990. Très bons résultats dans les vendanges tardives et les sélections de grains nobles.	Alsace

ALLEMAGNE

Le riesling a mieux résisté ici qu'ailleurs aux pluies pendant les vendanges. Production dominée par de bons *QbA* et *Kabinett*. Les *Auslese* sont plus rares mais remarquables.	Millésimes récents Moselle-Sarre-Ruwer
Plus on descend vers le sud, plus les vendanges ont été compliquées, le Palatinat recevant le pire de la pluie. Néanmoins, on rencontre dans toutes les régions de superbes exceptions.	Rheinhessen, Nahe, Palatinat, Rheingau

ITALIE

Temps très chaud et sec entre la fin de l'été et le début de l'automne ; de mémoire d'homme, on n'avait jamais vendangé aussi tôt. Vins pleins et corsés, mais pas très bien équilibrés.	Toscane
Fin août et septembre très chauds ; excellents résultats pour le barolo, le barbaresco et le barbera ; cinquième millésime très positif de suite.	Piémont
Non déclaré au moment de mettre sous presse, mais tout le monde s'attend à ce qu'il le soit.	Millésimes de porto récemment déclarés

ESPAGNE

Conditions généralement favorables. Énorme récolte, mais les températures anormalement élevées enregistrées en été et en automne ont fini par donner des qualités inégales.	Rioja
Récolte très abondante, mais comme les conditions météo ont été inégales, la maturation a été irrégulière. Année plutôt bonne en général, avec quelques vins spectaculaires.	Ribera del Duero
Année très sèche et rendements prolifiques, exigeant une sélection rigoureuse. Les meilleurs vins sont charnus et corsés, avec un bon potentiel de vieillissement. Très bonne année.	Navarre
Un hiver sec, un peu de pluie au printemps et un été très sec : la parfaite maturation des raisins a donné des vins bien équilibrés. Très bon millésime.	Penedès

PORTUGAL

Une petite récolte par beau temps a donné dans toutes les régions des vins mûrs et aromatiques.

ÉTATS-UNIS

Des inquiétudes à cause d'un tremblement de terre à Napa et d'une menace d'orage par le sud au début septembre, mais plus de peur que de mal. L'augmentation des terres cultivées s'est naturellement traduit par des récoltes record. Bonne qualité.	Californie
Millésime prometteur de bout en bout. Forts rendements, vins dotés de concentration et de structure.	État de Washington et Oregon

2001

FRANCE	
Bordeaux rouge Médoc / graves rouges	Avec un mois de septembre froid et des pluies au moment des vendanges, le cabernet sauvignon a eu du mal à aller jusqu'à maturité. Certains vins sont bons, mais dans l'ensemble ils sont de qualité variable.
Saint-émilion / pomerol	Moins de pluie que dans le Médoc au moment des vendanges. Certains merlots sont très puissants, mais de qualité variable.
Bourgognes rouges	Un mois de septembre frais et humide a amoindri la qualité des vins, qui devraient tout de même rester assez bons
Bourgognes blancs	De bons résultats en général, malgré des taux de sucre relativement bas.
Chablis	Les grands crus d'une année qui réunit à la fois de la force et de l'acidité peuvent vieillir superbement jusqu'à dix ans environ ; les premiers crus vieilliront proportionnellement moins bien. Petite récolte qui devrait produire des vins corrects.
Beaujolais	Très bonne année si le raisin a été vendangé avant la pluie.
Sud-ouest de la France	Été chaud et conditions de vendanges parfaites ; peut-être le rapport sucre/alcool est-il trop élevé.
Le Midi	Quantités plus faibles que la moyenne. Qualité en général très bonne, avec un été chaud qui a favorisé la production de vins mûrs et concentrés.
Côtes-du-rhône septentrionales	Année intéressante et de qualité si le raisin a été vendangé avant les pluies de septembre. De la fraîcheur, du fruit et une bonne acidité. Très bons côte-rôtie. Blancs très réussis.
Côtes-du-rhône méridionales	Récolte moins abondante qu'en 2000. Qualité inégale due aux pluies de septembre. Bonne densité chez la plupart des domaines de renom. Les grandes appellations sont le meilleur choix.
Champagne	De fortes pluies pendant toutes les vendanges ont anéanti l'espoir d'un millésime éventuel. Malgré un manque d'alcool naturel, certains champagnes sont respectables, notamment ceux à base de chardonnay.
Vallée de la Loire	Un hiver chaud et humide a laissé les sols gorgés d'eau. Les meilleurs vins sont ceux dont les raisins ont été récoltés tardivement ou soumis à une sélection rigoureuse. À goûter avant d'acheter.
Alsace	Après un temps très instable en septembre, les vendanges ont été sauvées par l'été indien. Vins en général bien équilibrés : bons, mais pas grands.
ALLEMAGNE	
Millésimes récents Moselle-Sarre-Ruwer	Grâce à un très beau mois d'octobre, ce sont les meilleurs rieslings de Moselle depuis 1990 ; ceux de la Sarre et de la Ruwer sont moins excitants, mais néanmoins parfaitement équilibrés. (Beaucoup de *Spätlese* et de *Auslese*.)
Rheinhessen, Nahe, Palatinat, Rheingau	Tout en étant plus irrégulier que dans la Moselle, ce millésime s'est souvent révélé également très excitant dans cette région, dans les vins secs ou les vins classiques ; excellent équilibre.
ITALIE	
Toscane	Mois d'août torride, puis froid inhabituel au début de septembre et enfin temps humide avec le retour de la chaleur. Certains vins issus de raisins cueillis tardivement sont excellents, mais beaucoup d'irrégularité en général.
Piémont	Chaleur et sécheresse en août, début de septembre trempé de pluies, mais le retour du soleil sauve la fin de la saison. Le nebbiolo et le barbera sont solides, avec de la classe ; les autres cépages ont donné de moins bons résultats.
ESPAGNE	
Rioja	Récolte relativement modeste et raisin de bonne qualité. Excellent potentiel.
Ribera del Duero	Les gelées d'avril ont réduit la récolte, mais sinon la saison de croissance a été presque parfaite et la qualité est remarquable.
Navarre	Ce millésime promet d'être excellent, avec des vins charnus, bien mûrs et équilibrés.
Penedès	Les gelées d'avril ont réduit les rendements, mais l'été chaud et sec a fini par produire de bons vins.
PORTUGAL	
	Grosse récolte dans tout le pays. Les producteurs qui ont appliqué une sélection rigoureuse des raisins ont fait de très bons vins.
ÉTATS-UNIS	
Californie	De la pluie à la fin de l'hiver, des pics de chaleur en mars, les pires gelées d'avril depuis vingt ans, un record de chaleur en mai et aucune pluie avant Halloween. Une excellente qualité due à des grains de raisin de petite taille, mais un manque éventuel de corps parce que le raisin a mûri trop vite et d'un seul coup.
État de Washington et Oregon	Millésime très prometteur. Acidité plus faible et moins de concentration par rapport aux trois années précédentes – vins plus tendres, à boire plus tôt.

2002

FRANCE	
Médoc / Graves rouges	Sauvé par un mois de septembre sec et ensoleillé. Le cabernet sauvignon à maturation tardive a été le grand gagnant. Faible rendement. Certains très bons vins après sélection.
Saint-Émilion / Pomerol	Septembre ensoleillé, mais problèmes de pourriture et de maturité. De modeste à bon.
Bourgognes rouges	Ont échappé aux pluies du sud de la France. Millésime qui promet d'être très intéressant, stylé, à boire et à garder.
Bourgognes blancs	Raisins mûrs et vigoureux ; rendement moyen très prometteur. Vins stylés.
Chablis	Excellent ; peut-être équivalent à 2000.
Sud-Ouest de la France	L'été indien a sauvé les cépages à vendanges tardives (madiran, cahors, jurançon). Sinon décevant.
Le Midi	Année pas facile avec de fortes pluies début septembre posant des problèmes. Varie beaucoup d'une AOC à l'autre, et d'un viticulteur à l'autre.
Côtes-du-Rhône	La nature a pris sa revanche. Inondations autour de Châteauneuf. Rouges simplement fruités (boire jeune) et blancs acceptables. Pas de super cuvées cette année.
Champagne	Des vendanges idéales ont produit des vins complexes et riches, en particulier des pinots. Potentiellement excellents.
Vallée de la Loire	Le meilleur depuis 1997. Fruité vigoureux et acidité vibrante dans les blancs secs. Quelques chenins doux excellents. Lorsque les rendements ont été limités, les rouges sont juteux et intensément colorés. (Attention à une bouffée de pourriture dans de nombreux vins à base de gamay.)
Alsace	Mieux que la majeure partie de la France. Les vins récoltés tardivement sont bons à très bons.
ALLEMAGNE	
Moselle-Sarre-Ruwer	La manière dont les raisins de Riesling ont survécu à une des récoltes les plus humides jamais enregistrées est un petit miracle. Les vins obtenus sont mûrs, succulents et énergiques (principalement kabinett et spätlese) et seront très intéressants à boire jeunes ou vieillis.
Hesse rhénane, Nahe, Palatinat	Peu de vins équivalents aux meilleurs de 2001, mais ils devraient se révéler très bons pour les kabinett/spätlese de style classique et les vins secs ; très bon équilibre. Excellent pinot noir.
Rheingau	Devrait être très bon à la fois pour les kabinett / spätlese de style classique et les vins secs.
ITALIE	
Toscane	Mois d'août frais, puis pluies fréquentes en septembre et octobre. Dilution et moisissures répandues.
Piémont	Saison de croissance froide et humide, pluies importantes en septembre et octobre, sérieux dégâts dus à la grêle dans le Barolo. Premier millésime raté après sept bons millésimes d'affilée.
ESPAGNE	
Rioja	Le froid et la sécheresse ont affecté le développement du fruit, et les rendements dans le Rioja Alta et Alavesa ont été faibles. La qualité est incertaine, mais attendons de voir.
Ribera del Duero	Des températures chaudes suivies de pluies importantes à la fin de l'été ont entraîné une récolte importante, mais de qualité souvent inférieure à la normale.
Navarre	Des pluies torrentielles en août ont affecté la qualité des vins du sud de la région ; les autres sont excellents.
Penedès	Les pluies d'août ont ravagé une partie de la récolte ; mais un mois de septembre splendide a donné des vins de bonne qualité.
PORTUGAL	
	Un millésime intéressant avec de fortes pluies pendant la récolte. Meilleur dans le Sud.
ÉTATS-UNIS	
Californie	Des pluies moyennes en hiver et un bourgeonnement légèrement retardé avec quelques dégâts dus à la grêle. De fortes pluies en mai, une saison de croissance froide, mais pas de pluie jusqu'en novembre. Une récolte de taille moyenne avec tous les indices d'une qualité supérieure.
Oregon	Une bonne récolte, qui a produit des vins pleinement expressifs et élégants.

2003

FRANCE	
Médoc / Graves rouges	L'été le plus chaud de tous les temps. Quelques répercussions sur les vignobles, mais le cabernet sauvignon semble excellent. Vins de garde riches et puissants. Production faible.
Saint-Émilion / Pomerol	Le merlot a souffert de la chaleur, mais cabernet franc exceptionnel. Mitigé.
Bourgognes rouges	Conditions atmosphériques exceptionnelles – mais les vins seront-ils exceptionnels ? Les rouges ont mieux supporté la chaleur que les blancs.
Bourgognes blancs	La chaleur a peut-être été trop forte pour être bénéfique. Des vins riches à boire jeunes.
Chablis	Petite récolte de vins mûrs, mais seront-ils bien équilibrés ?
Sud-Ouest de la France	Peu ou pas de pluie entre mars et septembre, puis une chaleur accablante en France ont entraîné de faibles rendements, un haut degré d'alcool, une faible acidité. La grêle a ruiné le millésime à Gaillac. Une année qui promettait beaucoup mais a peu donné.
Le Midi	L'année de la vague de chaleur, en fort contraste avec 2002, a souvent donné un rendement nettement limité, mais également beaucoup de bons vins chez les vinificateurs expérimentés.
Côtes-du-Rhône	Une année classique, trapue, puissante et chaude pour les meilleurs. Une maturation à deux vitesses, donc tout n'est pas équilibré. Essayez les meilleures appellations et les meilleures régions.
Champagne	Une année atypique. Très petite récolte, surtout chardonnay. Pinots mûrs et riches.
Vallée de la Loire	Un millésime atypique. Certaines régions touchées par le gel printanier. Les vins sont corsés et souples, mais pas mous. À boire rapidement. Bonne année pour les vins doux.
Alsace	Récolte la plus précoce depuis 1893. Petite récolte de vins variables. Les meilleurs sont mûrs, mais à faible acidité (d'où l'acidification autorisée pour la première fois).
ALLEMAGNE	
Moselle-Sarre-Ruwer	La chaleur a donné de hauts degrés de maturation, mais une acidité plutôt faible. Paradoxalement, certains grands sites ont souffert de la sécheresse, tandis que des régions plus fraîches moins renommées s'en sont souvent mieux sorties. Donc il y aura une variation considérable dans la qualité, les meilleurs étant superbes.
Hesse rhénane, Nahe, Palatinat	Le Palatinat a produit de superbes rieslings, et les vins rouges ont donné de bons résultats partout.
Rheingau	Le temps très chaud a produit des vins riches dans le Rheingau ; certains pourraient manquer d'acidité.
ITALIE	
Toscane	Des contraintes considérables pour les vignes en raison de la chaleur accablante et des trois mois de sécheresse. Succès pour les cépages à maturation tardive (cabernet sauvignon, sangiovese) ; plus mitigé pour le merlot. Jeunes vignobles particulièrement pénalisés par la chaleur de l'été.
Piémont	Un été étouffant, mais cependant très positif pour le barbera, le dolcetto, et le moscato. Nebbiolo plus irrégulier, avec des vendanges tardives plus réussies.
ESPAGNE	
Rioja	La météo irrégulière et extrêmement chaude, la sécheresse estivale ont posé des problèmes pour les vendanges et la vinification. Mais les rendements et la qualité sont officiellement bons.
Ribera del Duero	Un hiver très froid, un printemps doux, un été étouffant et des pluies opportunes en octobre ont donné une récolte compliquée. Les meilleurs vins ont une belle robe, de la glycérine et de l'alcool, mais une faible acidité.
Navarre	L'été chaud et sec a été suivi de pluies torrentielles prolongées et d'épidémies de *Botrytis* et de moisissures. Comme en 2002, seuls les meilleurs producteurs et les plus professionnels ont obtenu des résultats décents.
Penedès	Un été très sec et long, rafraîchi par des pluies en août, puis des nuits froides et des journées ensoleillées en septembre, ont donné un grand millésime.
PORTUGAL	
	L'été chaud a produit des vins à maturation précoces, mûrs, légers, en particulier dans le sud. Meilleur bairrada de la décennie.
ÉTATS-UNIS	
Californie	Une année difficile pour tout l'État. Le printemps a été humide et froid, avec une série de pics de chaleur pendant l'été et quelques pluies pendant les vendanges. Le volume de la récolte est faible et la qualité parsemée sur la Côte nord, meilleure sur la Côte centrale. Une sélection soigneuse des cépages devrait donner un millésime au-dessus de la moyenne.
Oregon	Un millésime potentiellement mitigé après une saison de chaleur et de pénurie d'eau.

INDEX PERSONNEL

VIN	PAGE	VIN	PAGE	VIN	PAGE	VIN	PAGE

INDEX PERSONNEL

VIN	PAGE	VIN	PAGE	VIN	PAGE	VIN	PAGE

"Boire sans soif et faire l'amour en tout temps, madame,
il n'y a que ça qui nous distingue des autres bêtes..."

Beaumarchais.

Numéro d'édition : FT 0873
Dépôt légal : septembre 2002

Imprimé en Italie
par G. Canale & C. Spa A-Turin
en octobre 2004